KDJ指標操作法

【全圖解】

從零開始，創造財富自由

168張線圖與90個實戰技巧，
教你看懂股市趨勢，
抓到超買超賣訊號！

股市風雲 ◎著

大樂文化

Contents

如何找買點？
尋找抄底機會，瞄準低位止跌點　*075*

前言

三線定乾坤！20 年股票分析師教你，用 KDJ 低買高賣穩穩賺

　　KDJ指標又稱為隨機指標，只有3條線：K線、D線和J線，卻能道盡股價運行的漲跌祕密。這就像太極拳和形意拳在外行人眼裡沒有殺傷力，但實戰威力令人震驚，原因之一就在於，這兩種拳術的行進都是以三角形的步伐為主。

　　三角形的姿勢有如一座山、一個支架，可以牢牢固定身體的重心，而KDJ指標的K線和D線像是兩條強壯的腿，J線像是靈活伸出的手，3條線牢牢支撐起股價分析的天空。

　　KDJ指標被廣泛應用於股市的中短線趨勢分析，不但是看盤軟體的標準配備，還是投資市場上常用的技術分析工具。KDJ的運行能反映股市的超買與超賣情形，幫助投資者迅速、直觀地研判行情。然而，很多人不知道如何正確使用KDJ指標，不曉得它在什麼情況下是超買或超賣，因此我特別編寫本書。

　　本書先從KDJ指標的構成和基礎知識入手，再依序從KDJ的策略、買進形態、賣出形態，以及KDJ結合K線形態、MACD、主力動向這6個方面，討論許多應用KDJ指標的情況。

　　為了讓投資者領略KDJ指標的知識與方法，各章以KDJ形態為基礎加以介紹，並使用近年的股市真實案例進行說明，而且有「實戰指南」單元，具體講解在這些案例中應該如何操作。這些內容都可以幫助投資者學以致用。

　　然而，每一種形態或技巧都有變數和缺點，因此本書在「小提醒」單元，整理出特殊情況下的操作策略與技巧。投資者一旦掌握這些方法，便能在實際交易中靈活應對，並穩定獲利。

第 1 章

KDJ 指標，
是高手的中短線操作法寶

用 KDJ 指標判斷股價中短線波段的高低點之前，
必須先認識它的構成、運行規則、鈍化現象，
以及超買超賣提示等基礎知識。

1-1　KDJ指標由3條線構成，指示個股和大盤走勢

KDJ指標的構成

　　KDJ指標又稱為隨機指標，是根據統計學原理，用一段期間內（通常為9日、9週等）的最高價、最低價和最後一個計算週期的收盤價，計算出「未成熟隨機值RSV」，再運用平滑移動平均線的原理，計算出K值、D值與J值，最後將這些數值繪成曲線圖，也就是K線、D線與J線。

⑤ 形態特徵

　　（1）在看盤軟體中，KDJ指標通常位於視窗下方相關指標的區域。
　　（2）KDJ指標是由K線、D線與J線這3條線構成。

⑤ 形態解讀

　　一般來說，在看盤軟體中，只要調出個股的K線圖，輸入英文字母KDJ，就會在視窗下方出現KDJ指標的圖形。如圖1-1天華院的日線圖所示，可以在最下方看到上下運行的K線、D線與J線。

　　圖1-2（見12頁）是上證指數的週線圖，在輸入英文字母KDJ後，便會在下方出現KDJ指標的圖形。

　　在分時圖上，與日線圖和週線圖一樣。圖1-3（見12頁）是吉比特2017年3月27日的分時圖，只要輸入英文字母KDJ，就會在下方出現KDJ指標的圖形。

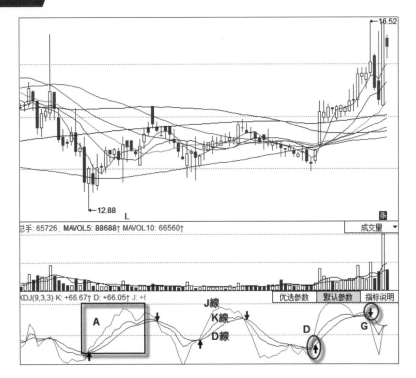

圖1-1　天華院（600579）日線圖

💲 實戰指南

（1）當J線在K線與D線的上方，且3條線同時向上運行，往往表示個股處於上漲行情，如圖1-1的A區域。

（2）當J線在K線與D線的上方運行到高位區，然後向下與K線和D線交叉，形成KDJ死亡交叉形態時，可以判定賣點出現，如圖1-1的G區域。

（3）當J線在K線與D線的下方，且3條線同時向下運行，往往表示個股處於下跌行情。

（4）當J線在K線與D線的下方運行到低位區，然後向上與K線和D線交叉，形成KDJ黃金交叉形態時，可以判定買點出現，如圖1-1的D區域。

（5）在大盤中，KDJ指標的運行狀況代表指數的漲跌趨勢。

圖1-2　　上證指數（000001）週線圖

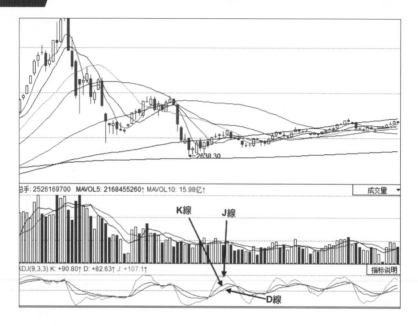

圖1-3　　吉比特（603444）2017年3月27日的分時圖

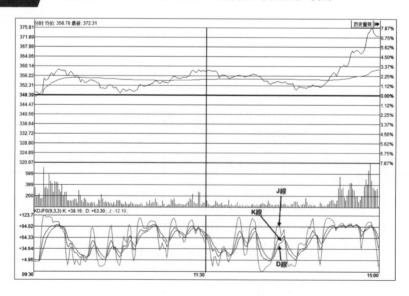

> **小提醒**
>
> 　　（1）在不同週期的K線圖上，KDJ指標變化所提示的未來漲跌情況或許會不一樣。
> 　　（2）在不同的看盤軟體上，K、D、J這3條線的顏色可能不一樣，但只要將滑鼠對準任意一條線，畫面就會顯示出是K線、D線或J線。

K線與D線

　　KDJ指標中，K線和D線相對上運行起伏比較緩慢，它們可以與J線相交，形成死亡交叉或黃金交叉，指示大盤與大型股的走勢。K線和D線的數值永遠在0～100之間，這些數值可以用來研判行情。當K線和D線爬升或下跌的傾斜度變平緩，往往是短線趨勢反轉的提示訊號。

$ 形態特徵

　　（1）在上漲趨勢中，當K值小於D值，即K線運行在D線下方時，若K線向上突破D線，是買進訊號。

　　（2）在下跌趨勢中，當K值大於D值，即K線運行在D線上方時，若K線向下跌破D線，是賣出訊號。

　　（3）K線和D線的上行速度減慢，傾斜度趨於平緩時，往往是短線上漲趨勢即將反轉向下的訊號。

　　（4）K線和D線的下行速度減慢，傾斜度趨於平緩時，往往是短線下跌趨勢即將反轉向上的訊號。

$ 形態解讀

1. 買進訊號

　　圖1-4（見14頁）是西部建設的日線圖，股價經過B段的上漲之後，KDJ指標的K線運行在D線下方（如A區域），直到M區域才向上突破D線，出現買進訊號。

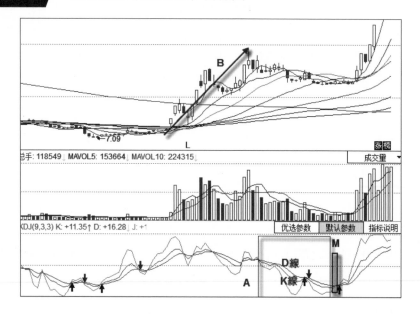

圖1-4　西部建設（002302）日線圖

2. 賣出訊號

　　圖1-5是諾邦股份的日線圖，在A段下跌趨勢對應到的KDJ指標，K線向下跌破D線（如M區域），出現賣出訊號。

3. 趨勢由上漲反轉為下跌的訊號

　　圖1-6（見16頁）是武昌魚的日線圖，股價處於上漲趨勢時，K線運行在D線上方（如A區域）。隨後到了M區域，K線與D線的上行速度減慢，傾斜度趨於平緩，說明上漲趨勢即將轉為下跌，投資者應及時賣股離場。

4. 趨勢由下跌反轉為上漲的訊號

　　圖1-7（見16頁）是網達軟體的日線圖，該股經過前期A段的下跌之後，K線運行在D線下方。隨後在M區域，K線與D線的下行速度減慢，傾斜度趨於平緩，說明趨勢即將由跌轉漲，投資者應及時買進股票。

⑤ 實戰指南

　　（1）利用K線與D線判斷行情時，應先區分股價趨勢，再根據不同的

圖1-5	諾邦股份（603238）日線圖

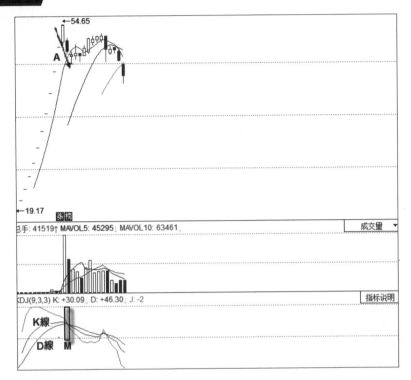

形態判斷買賣點。

　　（2）利用K線與D線判斷趨勢反轉時，一定要觀察指標線運行的速度和傾斜度。

　　（3）根據K線與D線判斷買點：在上漲趨勢中，當K值小於D值（即K線運行在D線下方），買點出現在K線向上突破D線時，如圖1-4的M區域所示。趨勢反轉的買點，則出現在K線與D線的下行速度減慢、傾斜度趨於平緩時，如圖1-7的M區域所示。

　　（4）根據K線與D線判斷賣點：在下跌趨勢中，當K值大於D值（即K線運行在D線上方），賣點出現在K線向下跌破D線時，如圖1-5的M區域所示。趨勢反轉的賣點，則出現在K線與D線的上行速度減慢、傾斜度趨於平緩時，如圖1-6的M區域所示。

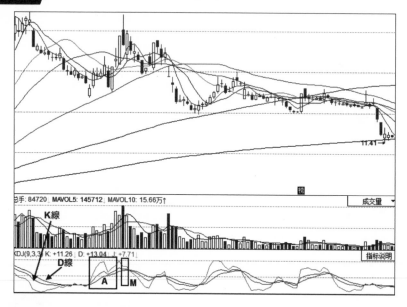

圖1-6 武昌魚（600275）日線圖

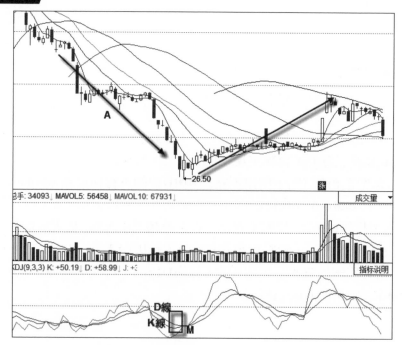

圖1-7 網達軟體（603189）日線圖

> **小提醒**
>
> 　　在不同週期的K線圖上，儘管K線與D線的形態相同，買進後的上漲時間與幅度卻往往不一樣。

J線的意義

　　KDJ指標中，J線是方向敏感線，上下起伏的速度比較快，經常領先K線與D線。因此，J線的走向往往是KDJ指標的開路先鋒，J線成為判斷短線趨勢轉變時最關鍵的線。

⑤ 形態特徵

　　（1）在KDJ指標的3條線（以下簡稱KDJ三線）當中，J線往往處於領先地位，無論KDJ指標向上或向下，J線通常都位在最上方或最下方。

　　（2）當J值大於90，尤其是持續超過5天以上，股價至少會形成短期頭部。當J值小於10，尤其是持續數天時，股價至少會形成短期底部。

⑤ 形態解讀

1. 用J線判斷短期頭部

　　圖1-8（見18頁）是至純科技的日線圖。該股經過前期A段的上漲之後，J線在B區域率先到達高位區，且數值超過90，前後維持將近3天。這說明短期頭部已出現，投資者應及時賣出持股。

2. 用J線判斷短期底部

　　圖1-9（見19頁）是宏盛股份的日線圖。該股經過前期A段的下跌之後，J值連續長達7個交易日小於10，說明短期底部已出現，投資者應及時買股進場。

⑤ 實戰指南

　　（1）利用J線判斷買賣點時，J值突破10且J線上行就是買點，如圖1-9

圖1-8　　至純科技（603690）日線圖

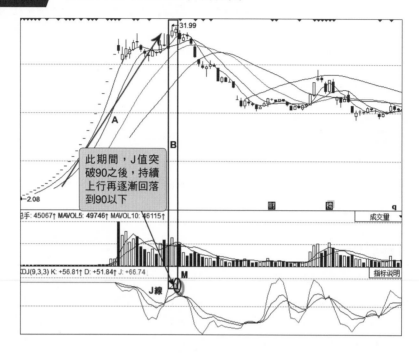

此期間，J值突破90之後，持續上行再逐漸回落到90以下

的M區域所示，而J值跌破90且J線下行就是賣點，如圖1-8的M區域所示。

（2）利用J線判斷行情時，如果J值連續5天大於90，往往代表短期頭部已形成，如果只持續2～3天（如圖1-8），此時也是短期頭部，投資者可以賣出持股。之後要隨時觀察短線趨勢的變化，若股價在高位反轉，就應買回股票。

（3）原則上，J值小於10的情況持續得越久，形成的底部就越穩固。

小提醒

　　J線徘徊在高位區或低位區的持續時間只是參照，並不是J值在大於90或小於10的狀態越久，股價就越代表頭部或底部。然而，如果J值只在短時間內超過90或低於10，往往代表更短週期的趨勢轉變。投資者觀察的K線圖週期越短，這種情況就越常出現。

圖1-9　宏盛股份（603090）日線圖

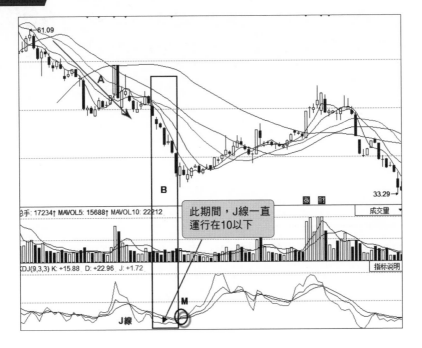

此期間，J線一直運行在10以下

KDJ指標的運行區間

　　和其他超買超賣類指標一樣，KDJ指標會在特定的數值區間內運行，不過KDJ指標是3條線，而且3條線的運行區間不完全相同。K線與D線的數值永遠處於0～100之間，但J線不受這個範圍限制，可以達到100以上，也可以成為0以下的負值。

$) 形態解讀

1. J線數值大於100
　　圖1-10是誠邁科技的日線圖，該股經過前期A段的上漲之後，在C區域接連2天出現J值大於100的情況，最高達到104.2。此時K值為86.76，D值為78.04，依然在0～100的範圍內波動。

2. J線數值低於0
　　圖1-11（見22頁）是利安隆的日線圖，股價經歷A段的下跌之後，J線向下運行到低位區，J值在2017年2月21日跌破0，達到-6.75。此時K值為39.56，D值為62.72，依然保持在0～100的範圍內運行。

$) 實戰指南

　　（1）要充分了解KDJ三線的數值變動，才能掌握趨勢變化。
　　（2）一般來說，利用J線向上的極端波動，可以找到賣點，例如：J

圖1-10　誠邁科技（300598）日線圖

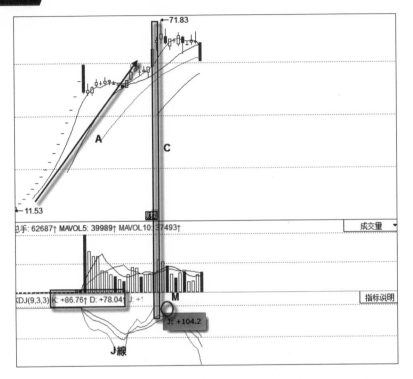

線突破100，然後回落至90以下，即構成短線賣點，如圖1-10的M區域。

（3）同理，利用J線向下的極端波動，可以找到買點，例如：J線跌至0以下後，一旦回升超過10並繼續向上運行，即構成短線買點，如圖1-11的M區域。

小提醒

即使J線突破100再回落到90以下，如果J線向下運行的態勢不夠明顯，只能算是短線波動，不能判定中期頭部形成。同樣地，即使J值跌至0以下再回升到10以上，如果向上運行的態勢不夠明顯，則股價維持低位震盪的機率仍然較大，不能判定跌勢告一段落。

圖1-11　利安隆（300596）日線圖

50線的意義

　　儘管J線可以突破100或是跌破0，但對於K線和D線來說，50線是運行區間的中界線，因此50線可說是KDJ指標的中軸。另一方面，J線是方向敏感線，引領K線和D線的運行，因此50線可視為KDJ指標的強弱分水嶺。然而，KDJ指標上下波動的速度比較快，所以在運用50線判斷行情時，應觀察較長週期的K線圖，例如：週線圖、月線圖等。

⑤ 形態特徵

　　（1）在週線或月線上，若KDJ三線都在50線以上震盪上行，此時通

図1-12　金髮拉比（002762）週線圖

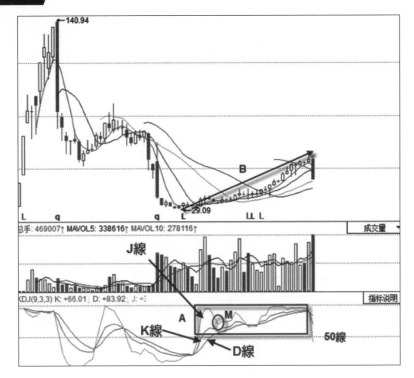

常是多頭行情。

（2）在週線或月線上，若KDJ三線都在50線以下震盪下行，此時通常是空頭行情。

（3）在週線或月線上，若KDJ三線圍繞50線附近上下震盪，此時通常是震盪盤整行情。

⑤ 形態解讀

1. KDJ三線在50線以上震盪上行

圖1-12是金髮拉比的週線圖，股價持續在B區域震盪上漲時，A區域的KDJ三線也持續在50線以上震盪上行。

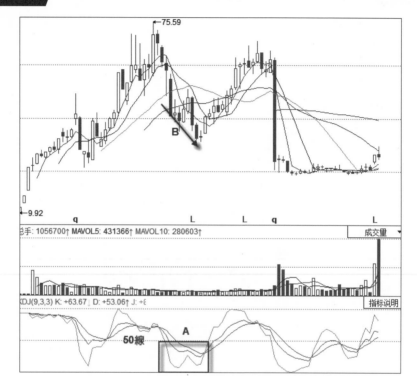

圖1-13　五洋科技（300420）週線圖

2. KDJ三線在50線以下震盪下行

圖1-13是五洋科技的週線圖，股價持續在B區域震盪下跌時，A區域的KDJ三線也持續在50線以下震盪下行。

3. KDJ三線圍繞50線附近震盪

圖1-14是*ST新賽的週線圖，股價在B區域橫盤震盪時，A區域的KDJ三線也圍繞50線附近進行上下震盪。

$ 實戰指南

（1）當KDJ三線在50線以上震盪上行，每一次J線下滑再止跌轉升，都是較理想的買點，如圖1-12中A區域的M點所示。

（2）根據KDJ三線與50線的位置判斷行情時，重點不是判定買賣

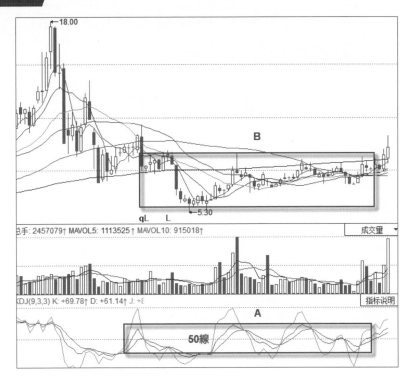

圖1-14　新賽股份（600540）週線圖

點，而是辨別趨勢的大方向，所以不能採用週期過短的K線圖，而要用週線圖、月線圖等週期較長的圖。

> **小提醒**
>
> 　　當KDJ三線在50線的略為上方或下方，且幾乎黏合在一起時，股價趨勢是震盪盤整行情。當KDJ三線圍繞50線發生寬幅或窄幅波動時，股價會表現為波段震盪。

1-3 當週線發生KDJ鈍化現象，股價即將大轉彎

高位鈍化

因為K線和D線運行區間的限制，KDJ指標的鈍化通常表現在可超越0～100區間的J線身上。KDJ指標高位鈍化是指，J線突破100之後，在指標區間的上沿平行運行。在實際運用上，由於日線圖經常出現KDJ鈍化，準確率相對較差，而週線圖出現KDJ鈍化，往往是階段頭部出現的跡象，因此當日線圖出現J線沿頭部平行的鈍化時，投資者應結合週線圖的KDJ指標變化，進行綜合判斷。

$ 形態特徵

（1）KDJ指標高位鈍化出現時，J線在指標區間的上沿平行運行。

（2）KDJ指標高位鈍化出現時，J值已經超過100。

（3）KDJ指標高位鈍化出現後，若J線稍微回落，且股價在高位震盪，則說明上漲行情仍將持續。投資者應等到KDJ出現高位死亡交叉後，再賣出持股。

$ 形態解讀

圖1-15是永和智控的週線圖，股價經過前期A段的上漲之後，在2016年11月18日至12月1日期間，C區域中的J線上行到區間上沿平行運行，此時J值高達105左右，形成KDJ指標高位鈍化。

圖1-15　永和智控（002795）週線圖

判斷具體賣點時，應觀察短週期K線圖，例如30分鐘K線圖。如圖1-16（見28頁）所示，2016年12月1日，股價在高位震盪的情況下，在M區域先是持續高位，但之後無法再刷新前高，因此A區域中的J線在高位鈍化後向下運行，說明趨勢即將轉變，投資者應及時賣出持股。

💲 實戰指南

（1）日線圖的KDJ指標經常出現高位鈍化現象，所以應以週線圖為主，準確率會更高。但若是小波段操作，可以用日線圖結合5分鐘或1分鐘K線圖，來捕捉賣點。

（2）在判斷賣點時，投資者應先在週線圖找到KDJ指標高位鈍化，再觀察30分鐘或60分鐘K線圖，若同樣出現KDJ指標高位鈍化，J線無法再創新高且向下回落，就是賣股時機，如圖1-16中A區域的J線形態。

（3）一般來說，如果前期經過較大漲幅，後續出現的高位鈍化更值

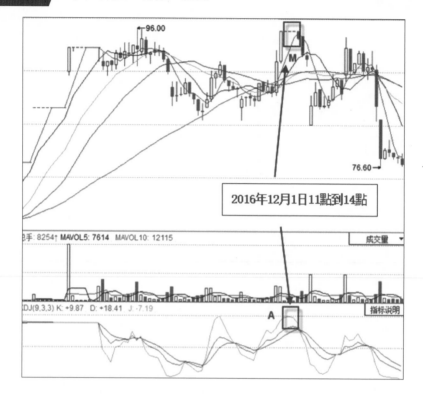

圖1-16　永和智控30分鐘K線圖

2016年12月1日11點到14點

得參考，此時股價從頭部反轉的機率更大。

（4）觀察KDJ指標高位鈍化時，應注意J線是否在指標區間的上沿平行運行，如圖1-15的C區域。

小提醒

（1）在震盪行情中，如果日線圖出現KDJ指標高位鈍化，往往表示股價即將到達波段高點，此時操作的意義不大。

（2）新股票上市後，會接連出現時間較長的KDJ指標高位鈍化，此時的參考意義也不大。

低位鈍化

　　KDJ指標低位鈍化是指，J線跌破0值之後，在指標區間的下沿平行運行。如前所述，因為日線圖的KDJ指標變化過快，在實戰中主要是用週線圖觀察鈍化現象，再根據30分鐘或60分鐘等短週期圖的KDJ指標變化，來確定具體買點。

(S) 形態特徵

　　（1）KDJ指標低位鈍化出現之前，股價往往會經過一段明顯的下跌走勢。

　　（2）KDJ指標低位鈍化出現時，J值會是0以下的負值。

　　（3）KDJ指標低位鈍化出現時，J線會在指標區間的下沿平行運行。

(S) 形態解讀

　　圖1-17（見30頁）是正平股份的週線圖，股價經過前期A段的下跌之後，B區域中的J線下行到底部，在指標區間的下沿平行運行，此時J值在-19左右，形成KDJ指標低位鈍化。

　　週線圖出現KDJ指標低位鈍化的時間是2017年1月13日，進一步觀察30分鐘K線圖（如31頁圖1-18），會發現股價處於下跌趨勢，KDJ指標在低位震盪（如圖1-18的B區域）。此時投資者應繼續觀察，暫不買進。

　　之後，J線向上與K線和D線形成黃金交叉，又在2017年1月13日的13:00～14:00期間，在M區域向下靠近K線與D線，尚未交叉就恢復上行，形成「死亡交叉不叉」形態，接著三線同時向上發散。此時投資者可以進場買股。

(S) 實戰指南

　　（1）KDJ指標低位鈍化之出現前，股價往往經過一段明顯的下跌走勢，如圖1-17的A段走勢。

　　（2）根據KDJ指標低位鈍化判斷趨勢時，應先從週線圖開始觀察。若週線圖出現KDJ指標低位鈍化，買點將出現在30分鐘或60分鐘等短週期

圖1-17　正平股份（603843）週線圖

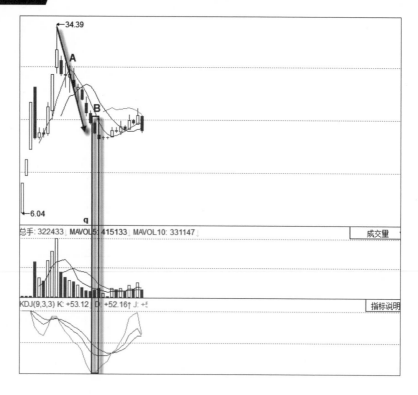

圖發出明顯的止跌訊號時，例如：KDJ在低位黃金交叉後出現死亡交叉不叉，或是三線向上分散的形態，如圖1-18的M區域所示。

小提醒

　　根據KDJ指標低位鈍化判斷趨勢時，如果週線圖上的鈍化現象已接近尾聲，且短週期圖同樣出現低位鈍化，那麼在短週期圖的KDJ指標低位鈍化結束，J線出現向上黃金交叉，且三線向上發散形態時，投資者應買進。

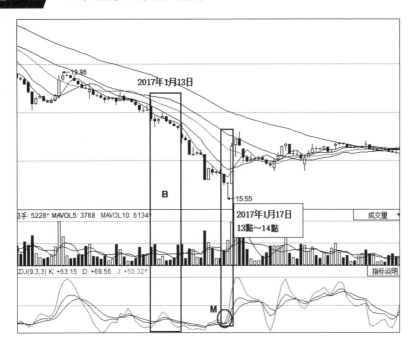

圖1-18　正平股份30分鐘K線圖

臨界鈍化現象

　　KDJ指標臨界鈍化可說是特殊鈍化現象，分為高位臨界鈍化和低位臨界鈍化。高位臨界鈍化是指，J線從最高位置「100＋」（即100或超過100的值），直線下滑到最低位置「0-」（即0值或低於0的負值）。低位臨界鈍化是指，J線由最低位置「0-」，直線上升到最高位置「100＋」。如果中途出現停頓，則鈍化失敗。

　　當J線從「0-」的低位鈍化，一直向上到達「100＋」的高位鈍化，往往預示股價在後市會有較大的漲幅，因此是強烈的買進訊號。另一方面，當J線從高位鈍化直下到低位鈍化，卻不是上漲行情啟動的訊號。

💲 形態特徵

　　（1）KDJ指標臨界鈍化出現之前，股價通常會經過長達半年的低位

図1-19 特立A（000025）日線圖

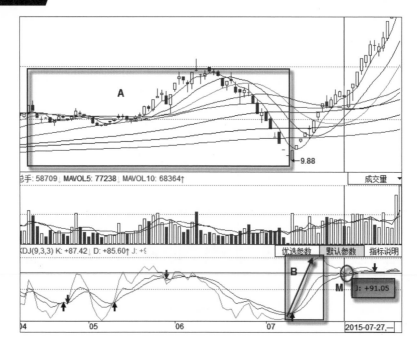

震盪盤整。

（2）KDJ指標臨界鈍化出現時，可以是J線從「0-」的低位鈍化直上到「100＋」的高位鈍化，也可以是反過來的情況。

（3）當J線從「0-」的低位鈍化直上到「100＋」的高位鈍化，可以判斷股價即將邁入上漲行情。

（4）在臨界鈍化之後，KDJ指標回檔時，J值通常不會低於40。

（5）觀察KDJ指標臨界鈍化時，必須確認J線是直線到達、中途不做任何停留，否則形態不成立。

（6）KDJ指標臨界鈍化現象必須發生在日線圖上才有效。

⑤ 形態解讀

圖1-19是特立A的日線圖，股價經過前期A段的震盪盤整之後，KDJ指標的J線在B區域底部形成低位鈍化。隨後，J線直線上升，快速到達區

圖1-20　張家港行（002839）日線圖

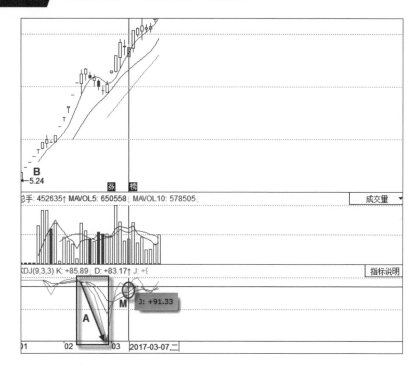

間上沿平行運行，J值高達120以上，構成臨界鈍化現象。在其後的KDJ指標回檔過程中，J線在2015年7月27日尚未跌破90就止跌（如M區域所示）。投資者應趁機及時買進，後市漲幅將十分可觀。

　　圖1-20是張家港行的日線圖，該股自2017年1月24日上市便連續上漲，之後股價短暫修正，J線從高位鈍化直線下滑到低位鈍化，構成臨界鈍化現象（如A區域所示）。在其後的KDJ指標回檔過程中，J線升高到90以上（如M區域所示），隨後股價也出現上漲。由於此時的臨界鈍化是J值從高位降至低位時形成，因此不能判定為買進訊號。

⑤ 實戰指南

　　（1）KDJ指標臨界鈍化出現之前，股價往往會經過較長時間的低位震盪盤整（一般不少於半年）。

（2）當J線從「0-」升到「100＋」，構成臨界鈍化現象之後，最佳買點出現在隨後的KDJ指標回檔過程中，J值未跌破40就轉向回升時，如圖1-19的M區域所示。

（3）KDJ指標臨界鈍化只有源自J值從「0-」升到「100＋」的情況，才可以作為買進訊號，如圖1-19所示。

（4）若KDJ指標臨界鈍化是源自J值從「100＋」降至「0-」的情況，不能確認之後會出現漲勢，如圖1-20所示。

（5）KDJ指標出現臨界鈍化現象時，從「0-」到「100＋」的J線必須是由下到上的直線，中途不能有任何停頓。

小提醒

KDJ指標臨界鈍化出現時，如果J線在「0-」到「100＋」的過程中出現短暫停留，儘管之後的股價也可能會上漲，但不能當作買進訊號。

1-4　D 值 > 80 表明市場超買，< 20 表明市場超賣

超買提示

KDJ指標提示市場超買時，D值會大於80。超買代表盤中買盤過剩，通常預告趨勢即將反轉。然而，有些強勢股或甫上市的新股，股價在一字漲停板之後持續上漲，KDJ指標會維持在超買狀態。因此，D值的超買提示只能作為趨勢反轉的參考，不能單獨當作賣出訊號，投資者應結合KDJ指標的頭部反轉形態，來判斷是否賣出持股。

💲 形態特徵

（1）KDJ指標提示市場超買時，D值必須大於80。

（2）如果用KDJ指標的超買提示確認賣出訊號，要結合KDJ的頭部反轉形態來判斷，例如：高位死亡交叉、三線向下發散等。

（3）KDJ指標提示市場超買時，J線可能出現高位鈍化，但不能將J線的向上鈍化現象視為KDJ指標的超買提示。

💲 形態解讀

圖1-21（見36頁）是北特科技的日線圖，股價經過前期B段的快速上漲之後，2017年1月9～13日（即M區域）在高位震盪，KDJ指標的D值一直在80以上徘徊，如A區域（2017年1月11日）顯示D值為84.48。這說明M區域一直處於超買狀態，之後股價將轉跌。

北特科技（603009）日線圖

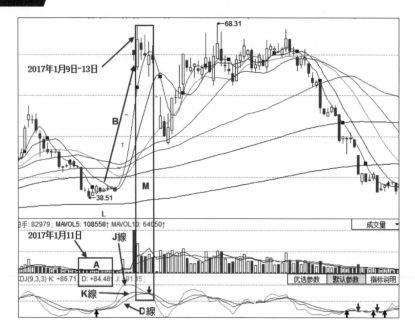

　　圖1-22是法蘭泰克的日線圖，該股自上市後，從一字漲停板的2017年2月10日到同月23日（即A區域），D值都在80以上，提示市場超買，但股價一直處於上漲狀態，直到超買現象結束的前幾日才略為回落。之後的一個月，KDJ指標都沒有提示超買，但股價依然持續上漲。由此可知，投資者不能單獨以超買現象判斷是否應賣出。

💲 實戰指南

　　（1）KDJ指標提示市場超買之前，股價往往經過一段明顯的上漲，如圖1-21的B段走勢。

　　（2）一般來說，在股價接連快速上漲的情況下，KDJ指標容易出現超買提示，如圖1-22的A區域所示。

　　（3）KDJ指標提示市場超買時，賣點通常會與KDJ指標的頭部反轉形態同時出現。

圖1-22　法蘭泰克（603966）日線圖

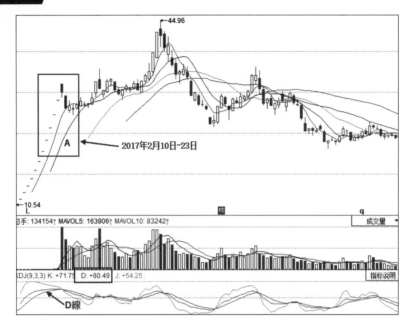

（4）KDJ指標提示超買時，只能作為趨勢即將轉向的輔助參考，不能單獨用來判斷未來行情，如圖1-21所示。

小提醒

　　KDJ指標若在震盪行情中提示超買，往往表示震盪即將到達高點。雖然KDJ指標的超買提示在震盪行情中準確率更高，投資者仍須結合KDJ的其他形態來確認行情。

超賣提示

　　KDJ指標提示市場超賣時，D值會小於20。超賣代表盤中的賣盤遠遠

図1-23 信隆健康（002105）日線圖

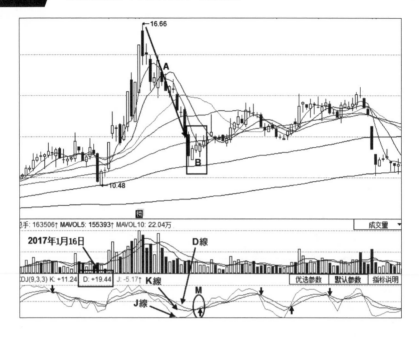

大於買盤，往往預告股價即將由跌轉漲，起碼是短線反彈以修正過度的下跌，但這不表示股價很快就會止跌，投資者應結合KDJ指標的低位黃金交叉、三線向上發散等形態，來確認是否買進，不能單獨以D值的超賣提示確定買點。

(S) 形態特徵

（1）KDJ指標提示市場超賣之前，股價會經過一段明顯的下跌。

（2）KDJ指標提示市場超賣時，KDJ三線往往都在50線以下的低位區運行，且D值必須小於20。

(S) 形態解讀

圖1-23是信隆健康的日線圖，股價經過A段的下跌走勢之後，KDJ指標在對應B區域的位置提示超賣，D值在2017年1月16日跌破20，達到

| 圖1-24 | 東方鐵塔（002545）日線圖 |

19.44。之後，M區域出現KDJ低位黃金交叉，投資者可以買進。

　　圖1-24是東方鐵塔的日線圖，該股經過前期A段的下跌走勢後，D值在D區域跌破20，KDJ指標提示市場超賣。這種情況一直維持到2017年3月30日，此時D值為12.44。然而，觀察KDJ指標提示超賣的D區域，會發現KDJ三線仍然呈現向下發散形態，因此投資者不可以買進。

⑤ 實戰指南

　　（1）KDJ指標提示市場超賣之前，股價通常會經過一段明顯的下跌，如圖1-23與圖1-24的A段走勢。

　　（2）KDJ指標的超賣提示是D值小於20，而非J線的低位鈍化，投資者要注意不能混淆兩者。

（3）KDJ指標的超賣提示經常出現在下跌趨勢中，但是在超賣提示後，股價不一定會止跌，如圖1-24所示。要等到KDJ指標出現底部訊號時，也就是KDJ三線運行到底部，走平後出現向上發散或低位黃金交叉的形態，投資者便可買進，如圖1-23的M區域所示。

小提醒

　　KDJ指標提示超賣時，如果恰好也出現J線低位鈍化後的黃金交叉、三線向上發散的形態，會是買進的良機。然而，當股價長期下跌且D值小於10，上述情況不會經常發生，投資者應把握機會。

第 2 章

學會 KDJ 的 4 大策略，
破解股價漲跌的祕密

根據 KDJ 指標的特點，發展出相關的操盤策略，
例如：判斷多頭與空頭趨勢的方法、
選股的方法、捕捉趨勢反轉點的技巧，
以及不同長度波段的操作技巧。

2-1 【趨勢判斷】KDJ 在 50 線上下起伏，展示多頭、空頭及震盪行情

在50線以上的多頭趨勢

　　50線作為K線與D線的中軸，有非常重要的作用，尤其在週線圖或月線圖上。當KDJ三線在50線以上震盪上行，股價往往會進入一段較長的多頭上漲行情。所以，投資者發現KDJ三線運行在50線之上，就應採取逢跌即買的策略。

💲 形態特徵

　　（1）當市場處於多頭趨勢，KDJ三線會在50線以上震盪上行。
　　（2）50線就是KDJ指標區間中央的水平虛線。
　　（3）當市場處於多頭趨勢，KDJ三線位在50線上方時，總體方向應是向上運行，其中J線可以短暫出現下行，K線與D線必須保持上行或平行震盪的狀態。

💲 形態解讀

　　圖2-1是東風汽車的月線圖，在A段股價上漲的多頭趨勢中，B區域的KDJ三線向上突破50線，並持續在50線以上震盪上行。期間內，K線與D線持續向上，只有J線偶爾向下，但隨後又恢復上行。

　　圖2-2（見44頁）是中國國貿的週線圖，在A段股價上漲的多頭趨勢中，B區域的KDJ三線向上突破50線並持續震盪上行。期間內，K線與D線

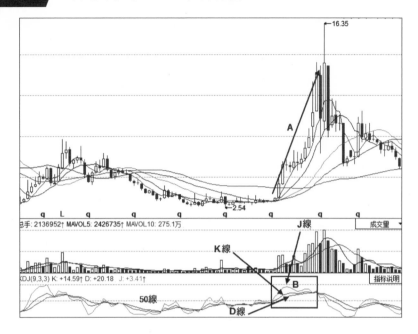

圖2-1 　東風汽車（600006）月線圖

維持向上或震盪略向上的狀態，只有J線不時下行，隨後又恢復向上。

實戰指南

（1）利用KDJ指標的50線判斷趨勢時，應使用月線圖或週線圖。

（2）在多頭趨勢中，J線可以在50線上方短暫向下運行，K線與D線必須保持向上或震盪平行的狀態。

（3）KDJ三線在50線以上運行時，應根據J線下行結束或上行結束的時機，來判定買賣點。最佳買點位於每一次J線下行後回升時，如圖2-2的3個MR區域，而最佳賣點則位於每一次J線上行後轉跌時，如圖2-2的4個MC區域。

（4）KDJ三線在50線以上運行時，多頭趨勢反轉向下的大波段賣點，出現在J線向下與K線和D線形成死亡交叉、三線向下發散形態時，如圖2-2的M點所示，投資者應及時逢高獲利出場。

圖2-2　中國國貿（600007）週線圖

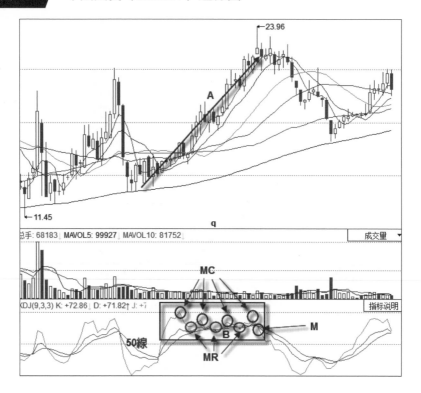

小提醒

（1）KDJ三線在50線以上的形態成立後，如果K線與D線開始向下運行，甚至跌破50線，但股價趨勢依然向上漲，之後往往會出現大幅度的修正。

（2）使用月線圖與週線圖時，KDJ三線運行在50線以上的形態只能用來判斷趨勢方向，若要捕捉具體的波段買賣點，應觀察日線圖或是30分鐘、60分鐘等短週期圖的KDJ指標，才能有效掌握到短線的高點或低點。

在50線以下的空頭趨勢

在週線圖和月線圖上，當KDJ三線在50線以下震盪下行，股價往往會進入一段比較長時間的空頭下跌行情。這時候，即使J線在盤中出現反彈，往往極為短暫，投資者應採取多看少動的策略，儘量少參與或不參與操作。

💲 形態特徵

（1）當市場處於空頭趨勢，KDJ三線會在50線以下震盪下行。

（2）當市場處於空頭趨勢，KDJ三線在50線下方時，3條線的總體方向應是向下運行，其中J線可以短暫向上，K線與D線必須保持下行或平行震盪的狀態。

（3）KDJ三線在50線以下的空頭趨勢中，只有J線到達低位區並發出觸底回升訊號時，投資者才能買進。

💲 形態解讀

圖2-3（見46頁）是連雲港的月線圖，股價在A段不斷下跌，形成空頭趨勢，而在對應的B區域中，KDJ三線相繼跌破50線，並且在50線以下向下運行，期間只有J線兩度向上運行（如C區域和D區域），K線與D線則始終保持向下。

這說明股價的跌勢尚未結束，此時只是短暫的反彈，投資者應暫且觀望，直到J線在M區域向上黃金交叉K線與D線，並且三線向上發散時，才可以介入。

圖2-4（見47頁）是新華龍的週線圖，股價在A段不斷下跌，形成空頭趨勢，而在對應的B區域中，KDJ三線先後跌破50線，並且在50線以下向下運行，期間只有J線兩度向上運行，K線與D線則始終保持向下。

這說明此時股價處於下跌趨勢中的短暫反彈行情，投資者應當保持觀望，直到J線在M區域向上黃金交叉K線與D線，並且三線向上發散，才可以參與。

圖2-3　　連雲港（601008）月線圖

💲 實戰指南

（1）當KDJ三線在50線以下向下運行，投資者不宜買進。要等到K線與D線走平略向下，J線向上黃金交叉K線與D線，且三線向上發散時，才是最佳買點，如圖2-3和圖2-4的M區域所示。

（2）KDJ三線保持在50線以下向下運行之前，往往會先從高位回落，如圖2-3和圖2-4中B區域之前的情況。

（3）KDJ三線在50線以下的期間，必須確認K線與D線向下運行，才能判斷為空頭趨勢，如圖2-3與圖2-4的B區域所示。

（4）KDJ三線在50線以下向下運行時，即使J線短暫向上，只要K線與D線依然下行，就不能將短暫的反彈行情視為買進機會。

圖2-4　新華龍（603399）週線圖

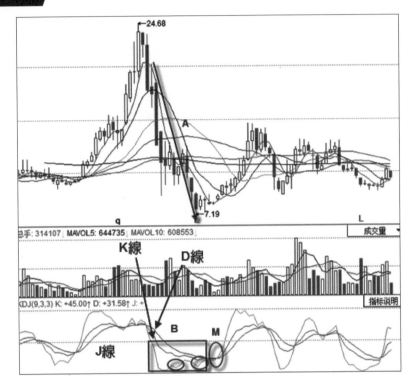

圍繞50線的震盪趨勢

當KDJ三線圍繞在50線附近上下震盪，往往說明股價正處於震盪盤整行情。震盪行情大多出現在2種情況：一種是在股價下跌後，也就是KDJ指標從頭部下滑之後；另一種是在股價上漲的過程中。

在KDJ三線圍繞50線的震盪結束之後，會出現相應的買賣點，投資者應當根據震盪結束時，3條線是向上發散或是向下發散，來確定要買進或賣出。

ⓢ 形態特徵

（1）當市場處於震盪趨勢，KDJ三線會在50線附近上下小幅震盪。

（2）KDJ三線圍繞50線的震盪結束後，如果3條線向上突破，往往會出現KDJ黃金交叉、三線向上發散形態。

（3）KDJ三線圍繞50線的震盪結束後，如果3條線向下突破，往往會出現KDJ死亡交叉、三線向下發散形態。

ⓢ 形態解讀

1. 圍繞50線的震盪結束後「向下」突破

圖2-5是北新路橋的週線圖，股價在A段下跌，對應到KDJ三線在D段向下運行，跌到50線附近後，在B區域圍繞50線上下震盪。震盪結束時，在M區域出現死亡交叉、三線向下發散形態，形成明顯的賣出訊號。

2. 圍繞50線的震盪結束後「向上」突破

圖2-6（見50頁）是湖南天雁的週線圖，股價在A段觸底反彈，對應到KDJ三線在B段觸底向上運行，然後在C區域靠近50線，在50線的略為上方小幅震盪，此時股價也是橫盤震盪。震盪結束後，J線在M區域向上黃金交叉K線和D線，然後三線向上發散，說明震盪結束後股價將向上突破，投資者應及時買進。

ⓢ 實戰指南

（1）KDJ三線圍繞50線震盪時，嚴格來說，3條線必須圍繞在50線附

圖2-5　　北新路橋（002307）週線圖

近小幅震盪，但事實上可能會出現略高（如圖2-6的C區域）或略低於50線的情況。

（2）判斷KDJ三線圍繞50線的震盪趨勢時，由於日線圖和短週期圖的KDJ指標變化太快，投資者應使用週線或以上級別的的長週期圖，來進行觀察。

（3）KDJ三線圍繞50線的震盪趨勢一旦形成，投資者要儘量避免操作。持股者應在震盪結束後，出現三線向下發散時賣出，如圖2-5的M區域所示。空倉者應選擇在震盪結束後，三線向上發散時買進，如圖2-6的M區域所示。

圖2-6　　湖南天雁（600698）週線圖

小提醒

　　KDJ三線圍繞50線震盪的形態，通常出現在下跌趨勢的開端，KDJ三線會從頭部回落到50線附近展開震盪。此時多為股價下跌途中的震盪盤整，等到震盪結束後，三線將繼續向下運行。

　　如果此形態出現在股價從底部回升之後，KDJ三線會先上升到50線以上，然後回檔到50線附近展開震盪。等到震盪結束後，三線通常繼續震盪上行並突破50線，但如果三線轉向下行，往往說明趨勢依然處於弱勢震盪中。

　　股價經過大幅上漲再回落時，也可能出現此形態，之後若三線向上突破，往往代表股價再次發動上攻。

2-2 【選股方法】KDJ 反應敏銳，最適合操作什麼樣的股票？

避開交易量太小的股票

　　KDJ指標本身極為敏感，對於交易量很小的股票來說，經常會出現KDJ三線的上下波動幅度很大，股價波動幅度卻極小的情況，這時即使採用週線圖，獲利空間仍然有限。因此，當個股的成交量處於低量狀態時，投資者應避免過度操作，要改用其他技術指標觀察行情。

$) 形態特徵

　　（1）交易量太小的股票可分為兩種，一種是指剛剛上市的中小型個股，或是創業板個股，因為上市不久、發行量極小，而在市場流通的數量相當少，所以應避免利用KDJ指標判斷行情。

　　（2）另一種交易量太小的股票是指，成交量還不到前期最高量的20%，也就是成交量處於低量的股票，也要避免利用KDJ指標判斷行情。

$) 形態解讀

1. 上市不久的新股、小型股

　　圖2-7（見52頁）是達威股份的日線圖，這檔股票在2016年8月12日上市，是深圳證券交易所創業板的一員。從圖中可以看到，儘管一字漲停板打開後，A區域顯示的成交量並不小，但實際的流通總市值僅有12.14億元，屬於典型的小型股，根本無法根據KDJ指標捕捉具體的買賣點。即使

圖2-7　達威股份（300535）日線圖

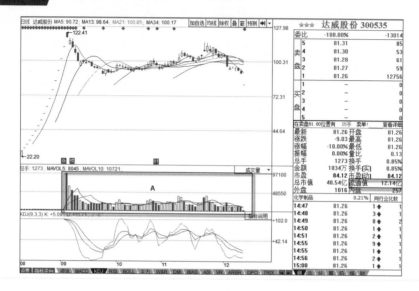

採用週線圖，因為其上市時間短，投資者也無法做出判斷，如圖2-8的A區域所示。

2. 成交量處於低量狀態的股票

　　圖2-9（見54頁）是東音股份的日線圖，在前期高點，即2016年12月24日的A區域，當日成交量高達139,316手。之後在B區域，即2016年12月19日至2017年3月22日期間，就算是在當日成交量相對較高的C區域，即2017年2月9日，也只有32,934手，僅稍微超過前期最高量的20%，更何況是B區域的其他交易日，成交量更是明顯處於低量之下。

　　再觀察B區域對應的股價和KDJ指標變化，雖然股價有漲有跌，但實際上波動極小，且常常與KDJ指標的走向相反。在這個情況下，投資者同樣要避免用KDJ指標判斷行情。

💲 實戰指南

　　（1）當一檔股票的交易量極小，若是新上市的小型股，KDJ指標往往無法充分展現股價趨勢的變化。

圖2-8　達威股份（300535）週線圖

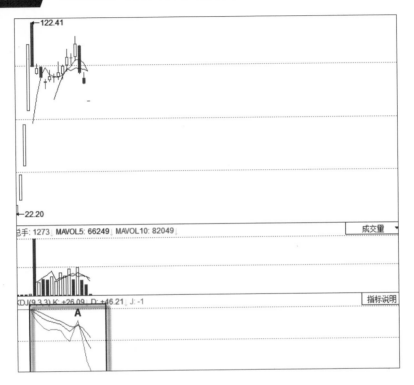

（2）當一檔股票的交易量極小，如果處於低量狀態，也就是平均成交量不到相對頭部最高成交量的20%，KDJ指標雖然波動幅度看似很大，事實上同樣無法展現股價趨勢的變化，如圖2-9所示。

小提醒

　　長期被市場冷落的冷門股，或是長期在低位小幅震盪的股票，也會出現交易量過小的情況，其KDJ指標同樣無法真實反映當下行情。不過，這往往是主力在建倉後洗盤的徵兆，也是牛股即將啟動的訊號，此類股票應從週線或以上級別的長週期圖，去觀察KDJ指標變化。

圖2-9　東音股份（002793）日線圖

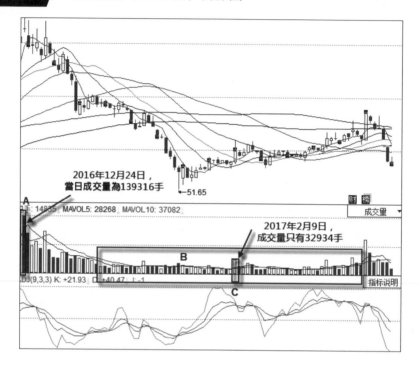

2016年12月24日，
當日成交量為139316手

—51.65

2017年2月9日，
成交量只有32934手

財 榜

成交量

A　手: 14835　MAVOL5: 28268　MAVOL10: 37082

B

DJ(9,3,3) K: +21.93　D: +40.47　J: -1

指標說明

C

目標鎖定績優股

　　績優股是指，在某一行業中處於領頭羊地位，業績優良、交易活躍、知名度高、市值大的股票。這些上市公司的經營者擁有高度信譽，公司營收十分穩定，且會每年固定分配股息股利，所以市場認同度高。即使是在市場不景氣的情況下，這些績優股也不會受到過分冷落，交易量不會太小，因此適合長期持有兼中短線波段操作的投資策略。

⑤ 形態特徵

　　（1）績優股是在某一行業內占據重要支配地位的股票，如各行業的龍頭股，這些公司的知名度較高，產品較有影響力。

　　（2）績優股的業績通常十分穩定，流通市值相對大，但是流通市值

圖2-10　同仁堂（600085）週線圖

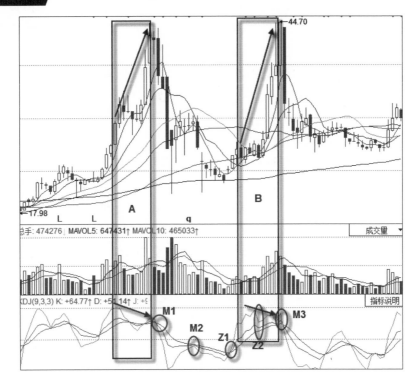

過大的個股受到政策影響也較大，因此也要避開對股票指數影響很大的權重股，例如：中國石油、工商銀行等。

$ 形態解讀

圖2-10是同仁堂的週線圖，製藥企業同仁堂被列為國家級非物質文化遺產，公司受到政策支持較多，業績長期穩定而且醫藥股的抗跌性強，因此是績優成長股。投資者可以逢低買進、長期持有，並根據週線圖上股價和KDJ指標的波動情況，進行小波段操作。

舉例來說，KDJ指標在圖中A區域發生頂背離（即KDJ指標與股價的走向相反），背離結束後在M1區域出現死亡交叉、三線向下發散，此時投資者應賣出大部分持股。之後，當J線在M2區域反彈向上，卻沒有形成

黃金交叉時，應果斷清倉賣出。

接下來，當Z1區域出現KDJ低位黃金交叉、三線向上發散，投資者應大量買進。然後，KDJ三線在50線以上向上運行，當J線在Z2區域短暫向下，卻沒有形成死亡交叉時，應果斷全倉買進。

買進後，當發現B區域中KDJ指標再次發生頂背離，等到背離結束後，在M3區域出現死亡交叉、三線向下發散時，可以再次清倉賣出，等待下一次買進的機會。投資者若是這樣操作，可以將全部精力放在同一檔股票上，取得相當穩定的獲利。

圖2-11是貴州茅臺的月線圖，貴州茅臺身為國酒，同樣值得逢低買進、長期持有。實際操作上要以週線圖或月線圖判定買賣點，例如：M1區域出現KDJ死亡交叉時，可以賣出；Z1區域J線從低位回升時，可以買進；M2區域出現黃金交叉不叉，也就是J線向上靠近K線與D線，還沒發生交叉便轉頭向下時，應先行賣出；Z2區域出現KDJ黃金交叉、三線向上發散時，可以再買回。

Z3區域KDJ三線在50線以上形成死亡交叉不叉時，可以加倉買進；M3區域出現KDJ高位死亡交叉時，應該賣出；Z4區域再次出現KDJ黃金交叉、三線向上發散時，可以買進。之後，A區域雖然出現J線高位鈍化，但是股價持續上漲，與KDJ指標形成頂背離。在頂背離結束之前，投資者應繼續持有。

⑤ 實戰指南

（1）投資者操作績優股時，應選擇長期受到政府政策支持的行業龍頭公司。

（2）投資者操作績優股時，應當在長期持有的基礎上，在每一次KDJ指標出現買進訊號時，把握進場機會，如圖2-10的Z1、Z2區域，以及圖2-11的Z1、Z2、Z3、Z4區域，而且要在每一次KDJ指標出現賣出訊號時，把握出場時機，如圖2-10的M1、M2、M3區域，以及圖2-11的M1、M2、M3區域。

（3）投資者操作績優股時，應使用較長週期的K線圖，例如：週線圖或月線圖，觀察KDJ指標的波動規律。

圖2-11　貴州茅臺（600519）月線圖

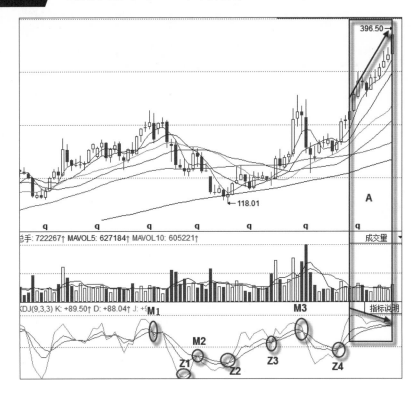

　　在操作績優股時，月線圖或週線圖只能用來觀察波段的趨勢反轉，若要尋找具體的高位賣點或低位買點，應改用日線圖或短週期圖。舉例來說，當週線圖出現買進或賣出訊號，可以先觀察日線圖，然後用1分鐘或5分鐘K線圖逐步確認最終的買賣點。

2-3 【買賣時機】頭部與底部反轉時，KDJ會出現哪些形態？

頭部反轉形態

KDJ指標的頭部反轉形態是指，KDJ三線上行到頭部區域後反轉向下，之後可能繼續下行，也可能在高位震盪後恢復上行，不同情況下會有不同的應對策略。

舉例來說，如果J線高位鈍化後向下運行，不代表股價趨勢一定會反轉，只有出現KDJ高位死亡交叉、三線向下發散形態時，才代表股價趨勢已經從頭部反轉，是高位賣出的最佳時機。

⑤ 形態特徵

（1）KDJ指標出現頭部反轉形態前，往往會出現一段上行走勢。

（2）KDJ指標出現頭部反轉形態時，J線通常會發生高位鈍化，但若股價處於震盪行情的高點，不一定會發生高位鈍化。

（3）KDJ指標出現頭部反轉形態時，通常會伴隨高位死亡交叉、三線向下發散形態。

⑤ 形態解讀

圖2-12是同力水泥的週線圖，股價在A段上漲時，KDJ三線在B段突破50線，持續上行後在M區域到達頭部，J線的最高數值達到112.7，形成高位鈍化。之後，J線向下與K線和D線發生死亡交叉，三線向下發散，形成

圖2-12　同力水泥（000885）週線圖

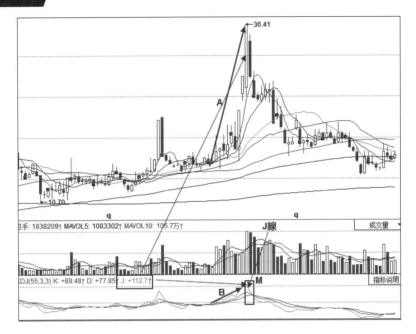

明顯的KDJ指標頭部反轉形態，投資者應及時賣出持股。

　　圖2-13（見60頁）是西藏天路的週線圖，股價經歷前期A段的高位回落後，在B段出現反彈，對應到KDJ指標，也出現C段的高位回落和D段的反彈。隨後，KDJ三線突破50線並持續上行，在M區域運行到高位，此時J線數值超過100並在區間上沿平行運行，形成高位鈍化。

　　之後，J線向下與K線和D線發生死亡交叉，三線向下發散。這說明股價趨勢轉為震盪，且震盪高點已經形成，投資者應賣出持股。從後面的E區域可以看到，果然出現KDJ三線圍繞50線的震盪趨勢。

(S) 實戰指南

　　（1）根據KDJ指標判斷頭部時，應採用週線或以上級別的K線圖，因為日線圖和短週期圖的KDJ指標變化過快，難以捕捉行情。

　　（2）出現KDJ指標的頭部反轉形態時，無論J線是否高位鈍化，都會

圖2-13　西藏天路（600326）週線圖

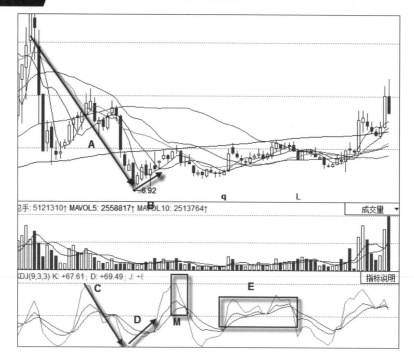

出現KDJ高位死亡交叉、三線向下發散形態。

（3）KDJ指標出現頭部反轉形態之後，KDJ三線形成高位死亡交叉並向下發散時，是最佳的賣出時機，如圖2-12與圖2-13的M區域所示。

（4）如果KDJ指標在震盪行情中出現頭部反轉形態，但股價並未破位下行，或是成交量處於不活躍的低量狀態，投資者可以繼續持股，如圖2-13所示。

小提醒

日線圖和短週期圖經常出現J線高位鈍化，若此時沒有發生背離，投資者可以按照KDJ指標的頭部反轉形態操作，但若發生背離，應等到背離結束後，KDJ指標發出頭部訊號時再賣出。

底部反轉形態

　　KDJ指標的底部反轉形態是指，KDJ三線下行到底部區域後，K線與D線平行震盪，J線發生低位鈍化。這往往說明股價已經跌到底部，但仍應等到J線向上黃金交叉K線與D線、三線向上發散時再買進，因為只有KDJ指標出現回升，股價才會真正止跌，否則可能只是在底部反覆震盪。

⑤ 形態特徵

　　（1）KDJ指標出現底部反轉形態之前，KDJ三線和股價會經過一段明顯的下行走勢。

　　（2）KDJ指標出現底部反轉形態時，往往位於50線以下的低位區。

　　（3）KDJ指標出現底部反轉形態時，應等到底部反轉後，也就是J線向上黃金交叉K線與D線、三線向上發散時，再進場買股。

⑤ 形態解讀

　　圖2-14（見62頁）是祁連山的週線圖，在A段股價和B段KDJ三線雙雙下行之後，三線運行到低位區，J線在M區域發生低位鈍化。之後，K線與D線平行震盪，並出現低位黃金交叉、三線向上發散，形成明顯的底部反轉形態，投資者應及時買進。之後，在KDJ三線的反覆震盪中，J線的低點逐漸攀升（如J1和J2區域所示），投資者應加倉買進。

　　圖2-15（見63頁）是西儀股份的週線圖，在A段股價與B段KDJ三線雙雙下行之後，三線運行到50線以下的低位區，J線在C區域跌破0值，形成低位鈍化，再上行至D區域，形成黃金交叉不叉形態，此時投資者還不能買進。

　　接著，J線再次向下運行，還沒形成低位鈍化就止跌，並發生KDJ底背離現象。之後，J線再次上行，等到底背離現象結束後，M區域出現KDJ低位黃金交叉、三線向上發散形態時，就是最佳的買進時機。

⑤ 實戰指南

　　（1）KDJ指標出現底部反轉形態之前，股價和KDJ三線通常會經過

圖2-14　祁連山（600720）週線圖

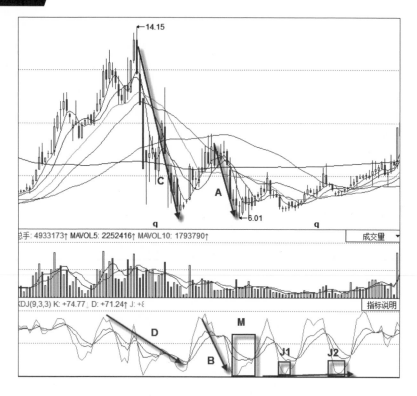

一段明顯的下行，如圖2-14與圖2-15的A段和B段走勢。若前期的下行幅度比較大，如圖2-14的C段和D段，底部形態更加可信。

（2）KDJ指標出現底部反轉形態時，J線往往會發生低位鈍化，但是在確認趨勢反轉的買點時，要以之後出現的KDJ低位黃金交叉、三線向上發散形態為準，如圖2-14的M區域所示。

（3）根據KDJ指標判斷底部反轉時，應採用週線以上的K線圖，因為其KDJ指標變化較慢，反轉的時間更長。

（4）根據KDJ指標判斷底部反轉時，如果其間發生底背離現象，J線在背離結束後往往不會出現低位鈍化，而且J線向下的低點會越來越高。投資者應等到背離結束後，出現KDJ黃金交叉、三線向上發散形態時，再進場買股，如圖2-15的M區域所示。

圖2-15　西儀股份（002265）週線圖

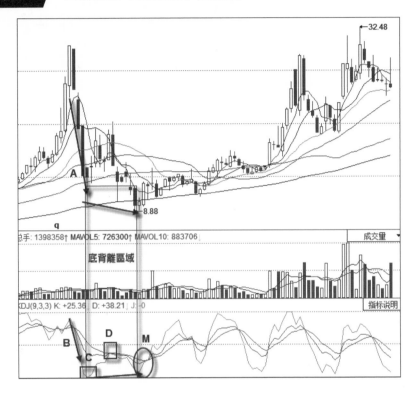

小提醒

　　根據KDJ指標判斷底部反轉時，如果發生底背離現象，投資者一定要特別注意。底背離可能會重複出現，尤其在短週期圖上，往往會出現數次持續時間較短的底背離現象，投資者應在最後一次背離結束時再買進。

2-4 【交易模式】用KDJ解讀月線、週線及日線，掌握波段操作

月線大波段

相較於其他技術指標，KDJ指標因上下波動較快，更適合使用月線圖進行大波段操作。

💲 形態特徵

（1）根據月線圖的KDJ指標進行大波段操作時，應在KDJ指標出現底部反轉形態時買進，換句話說，最佳買進時機是J線向下低位鈍化後回升，引領K線與D線走平再向上運行，隨後形成KDJ黃金交叉、三線向上發散時。

（2）同理，應在KDJ指標出現頭部反轉形態時賣出，換句話說，最佳賣出時機是J線向上高位鈍化後回落，引領K線與D線轉向下行，隨後形成KDJ死亡交叉、三線向下發散時。

（3）當月線圖的KDJ指標呈現橫盤震盪，並且3條線相距較近或在50線附近震盪，往往說明股價處於震盪行情，投資者應避免大波段操作。

💲 形態解讀

圖2-16是北特科技的月線圖，J線在D區域到達底部，出現低位鈍化後觸底回升，帶領K線與D線震盪上行。隨後在J區域，J線向上與K線和D線形成黃金交叉，是加倉買進的時機，投資者可以根據日線圖或短週期圖，

圖2-16　北特科技（603009）月線圖

判斷具體的買點。

　　之後，KDJ三線突破50線並持續上行，投資者應持股不動，直到股價在M區域創出新高，KDJ指標的J線率先向下回落，K線與D線也跟著走平再向下行。投資者應在KDJ高位死亡交叉成立時賣出持股，具體的賣點要根據日線圖或短週期圖做判斷。

　　圖2-17（見66頁）是北特科技的日線圖，股價經過B段的快速上漲後，進入C區域，對應到KDJ指標，J線先在A區域高位鈍化，然後在M區域向下與K線和D線形成死亡交叉，並且三線向下發散。此時投資者應果斷賣出持股。

　　在這次的大波段操作中，從低位買進的價格（以30元計）算起，至後來賣出的價格（以65元計），其間收益率已超過100%。

圖2-17　北特科技（603009）日線圖

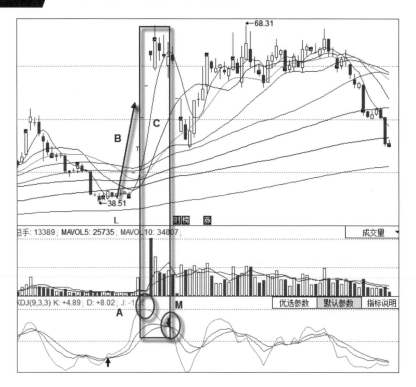

⑤ 實戰指南

（1）利用月線做大波段操作時，月線圖上KDJ指標的頭部反轉或底部反轉形態，只能當作判斷大趨勢的參考，具體的買賣點應根據短週期圖做選擇。

（2）利用月線做大波段操作時，只有KDJ指標出現明顯的底部反轉形態時，如圖2-16的D區域，才能進一步根據短週期圖的KDJ底部反轉形態尋找買點。

（3）同理，只有KDJ指標出現明顯的頭部反轉形態時，如圖2-16的M區域，才能進一步根據短週期圖的KDJ頭部反轉形態尋找賣點，如圖2-17的M區域。

> **小提醒**
>
> 　　在根據月線做大波段操作時，若短週期圖與月線圖的KDJ指標走勢不一致，應根據月線圖的KDJ指標進行操作，不要以短週期圖為依據。

週線波段

　　使用週線圖來進行波段操作時，關鍵在於捕捉週線圖上的KDJ指標反轉形態，充分把握最佳的進出場時機，實現波段獲利。

⑤ 形態特徵

　　（1）根據週線圖的KDJ指標進行波段操作時，要仔細尋找KDJ指標的底部反轉形態，也就是J線低位鈍化後向上運行，與K線與D線形成低位黃金交叉，然後三線向上發散。

　　（2）同理，也要仔細尋找KDJ指標的頭部反轉形態，也就是J線高位鈍化後向下運行，與K線和D線形成高位死亡交叉，然後三線向下發散。

　　（3）在根據週線圖的KDJ指標進行波段操作時，若KDJ三線圍繞50線附近上下震盪，投資者應等到三線明顯向上時再操作，若三線向下，則應暫緩操作，等待弱勢震盪結束，出現底部反轉形態再進場。

⑤ 形態解讀

　　圖2-18（見68頁）是東方雨虹的週線圖，股價上行到E區域時，發生KDJ頂背離，然後在C2區域頂背離結束時，出現KDJ死亡交叉、三線向下發散形態，此時投資者應賣出持股。

　　之後，KDJ三線下行到低位區震盪，在F區域發生底背離，並且J線的震盪低點逐漸上升。在R3區域底背離結束時，出現KDJ黃金交叉、三線向上發散形態，此時投資者應及時買進。

　　之後的上漲趨勢中，J線在B區域發生高位鈍化，然後轉向下行，在C3區域與K線和D線形成高位死亡交叉，投資者應選擇賣出。

圖2-18　東方雨虹（002271）週線圖

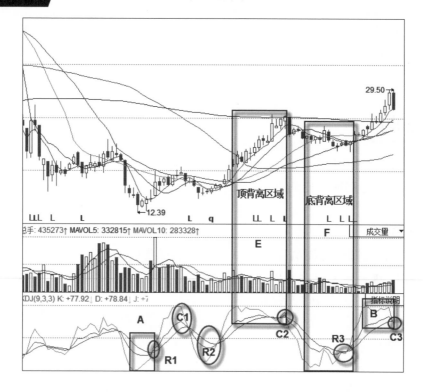

　　圖2-19是華明裝備的週線圖，KDJ三線經過前期A段的大幅回落之後，在B段快速回升，又在C段回落到50線附近。這說明股價大幅下跌之後，先出現快速反彈，再反彈結束。

　　然後在D區域，J線快速向上、向下遠離50線，而且多次出現黃金交叉與死亡交叉，但是K線與D線始終圍繞在50線附近震盪。即使到了2017年3月17日股票停牌，震盪行情依然沒有被打破。在這種情況下，波段操作很難進行。

💲 實戰指南

　　（1）根據週線做波段操作時，投資者應在股價大跌之後，KDJ指標出現底部反轉形態，也就是J線低位鈍化後，形成KDJ黃金交叉、三線向上

圖2-19　華明裝備（002270）週線圖

發散時，在底部進場，如圖2-18的R1區域所示。

（2）同理，投資者應在股價大漲之後，KDJ指標出現頭部反轉形態，也就是J線高位鈍化後，形成KDJ死亡交叉、三線向下發散時，逢高賣出持股，如圖2-18的C3區域所示。

（3）根據週線做波段操作時，投資者應及時捕捉KDJ指標在小區間的波動訊號，才能在大波段運行中把握小波段的操作機會，反覆進行加倉與減倉操作，如圖2-18的C1、C2、R2、R3區域所示。

（4）根據週線做波段操作時，也要及時捕捉頂背離與底背離現象，才能確定買賣的時機。

（5）根據週線做波段操作時，如果出現KDJ三線圍繞50線附近震盪的情況，應放棄操作，如圖2-19所示。

小提醒

根據週線做波段操作時，如果出現KDJ三線圍繞50線大幅震盪的情況，可以根據週線的形態，進行日線級別的小波段操作。

日線小波段

對於喜歡做短線小波段操作的投資者來說，關鍵是要準確觀察日線圖上KDJ指標的底部反轉，以及頭部反轉形態。要注意的是，日線圖上經常出現KDJ背離現象，投資者應等到背離現象結束後，到更短週期的圖上，尋找KDJ指標的底部反轉或頭部反轉形態，來捕捉買賣時機。

形態特徵

（1）根據日線圖的KDJ指標進行小波段操作時，當日線圖的KDJ指標出現底部反轉形態，應在短週期圖的KDJ指標也出現底部反轉形態時，進場買股。

（2）同理，當日線圖的KDJ指標出現頭部反轉形態，應在短週期圖的KDJ指標也出現頭部反轉形態時，賣股離場。

（3）根據日線做小波段操作時，投資者應隨時留意日線圖的KDJ指標是否發生背離現象。如果發生背離，應等到背離結束後KDJ指標發出趨勢反轉訊號，再進行操作。

形態解讀

圖2-20是天山股份的日線圖，KDJ三線經過前期的下行之後，J線在E區域反覆低位鈍化，最終在D區域向上與K線和D線形成黃金交叉，然後三線向上發散，構成明顯的底部反轉形態，是股價修正結束的低位賣點。之後，KDJ三線震盪向上，直到Q區域在50線以上出現死亡交叉不叉形態，說明三線圍繞50線的震盪趨勢已結束，是行情啟動的買點。

接著，股價和KDJ三線相繼上行，J線在C區域高位鈍化，隨後出現

圖2-20　天山股份（000877）日線圖

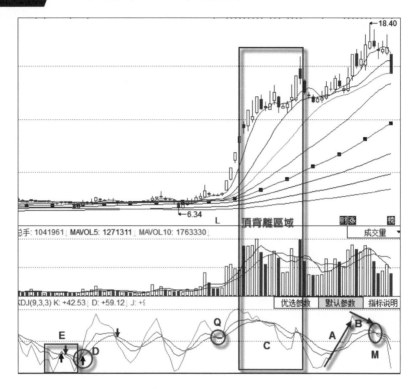

KDJ三線向下、股價向上的頂背離現象。待背離結束後，KDJ三線在A段止跌回升，J線衝高後未發生鈍化就出現B段的回落，並在M區域形成KDJ死亡交叉、三線向下發散形態。此時投資者應果斷賣出持股，完成一回小波段操作。

　　至於具體的買賣點，投資者應當使用短週期圖做選擇，例如：日線圖在2017年3月27日出現KDJ死亡交叉，這時觀察1分鐘K線圖（如72頁圖2-21所示），會發現在2017年3月27日上午的上漲過程中，A區域出現股價上行、KDJ三線下行的頂背離現象。投資者應當在10點14分頂背離結束，M區域出現KDJ死亡交叉、三線向下發散形態時，把握短線高位反轉的賣出良機。

圖2-21　天山股份1分鐘K線圖

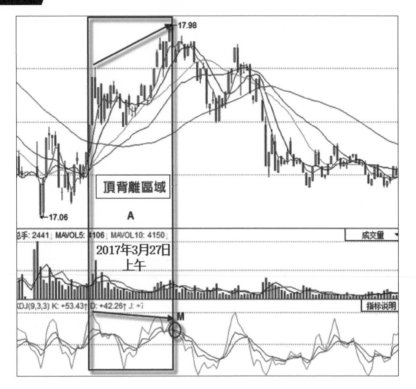

$ 實戰指南

（1）根據日線進行小波段操作時，投資者應在股價長期下跌或震盪之後，KDJ指標出現底部反轉形態時進場，也就是K線與D線在低位平行運行，J線發生低位鈍化後，向上形成KDJ黃金交叉、三線向上發散形態，如圖2-20的E區域和D區域所示。

（2）根據日線做小波段操作時，如果底部反轉之後，KDJ三線圍繞在50線附近震盪，通常會在50線附近出現死亡交叉不叉，或是黃金交叉後三線向上發散的形態。這時候是強勢震盪後的啟動點，投資者可以加倉買進，如圖2-20的Q區域所示。

（3）根據日線做小波段操作時，投資者應選擇在J線高位鈍化後，向下形成KDJ死亡交叉、三線向下發散形態時賣出持股。如果此時發生頂背

離，則應在背離結束後，出現KDJ死亡交叉、三線向下發散形態時賣出持股，如圖2-20的C區域和M區域所示。

（4）根據日線做小波段操作時，投資者應在日線出現底部反轉或頭部反轉形態後，用短週期圖尋找相應的低位買點或高位賣點。

小提醒

在進行日線小波段操作的過程中，如果在底部反轉時發生底背離現象，應等到底背離結束、日線圖出現黃金交叉等買進訊號時，再根據短週期圖的KDJ指標形態，確定具體的進場時機。

如何找買點？尋找
抄底機會，瞄準低位止跌點

想運用 KDJ 指標交易獲利，
第一個前提是要買得好，這其中大有學問，
例如：如何用 KDJ 指標確認股價底部？
該如何運用 KDJ 黃金交叉？
如何抓到股價修正後的買進機會？
明白這些，你才能買得有所依據。

3-1 在上漲與下跌趨勢中，KDJ怎麼顯示底部訊號？

上漲趨勢中的KDJ底部訊號

當股價處於上漲趨勢中，KDJ指標的底部訊號表現為K線和D線走平之後，J線由下行轉向上行，與K線和D線形成黃金交叉或死亡交叉不叉形態。這往往代表上漲途中的修正行情已結束，是買進訊號。

⑤ 形態特徵

（1）在股價上漲趨勢中出現KDJ底部訊號時，若是短線強勢整理，KDJ三線往往不會跌破50線，J線會在50線上方靠近K線和D線，形成死亡交叉不叉形態。

（2）在股價上漲趨勢中出現KDJ底部訊號時，如果股價的修正幅度較大，KDJ三線會跌破50線並運行到底部，但通常不會出現J線低位鈍化，而是J線會向上，並與走平的K線與D線形成黃金交叉。

（3）相反地，如果股價的修正幅度較小，KDJ三線往往會在50線附近止跌，形成黃金交叉、三線向上發散，或死亡交叉不叉形態。

⑤ 形態解讀

圖3-1是常熟銀行的日線圖，股價上市後大幅上漲，接著出現修正，KDJ三線也在A段大幅回落，並在B區域出現底背離現象。背離結束後，三線再次下行，J線在M區域上行，與走平的K線和D線形成黃金交叉、三線

圖3-1 ▶ 常熟銀行（601128）日線圖

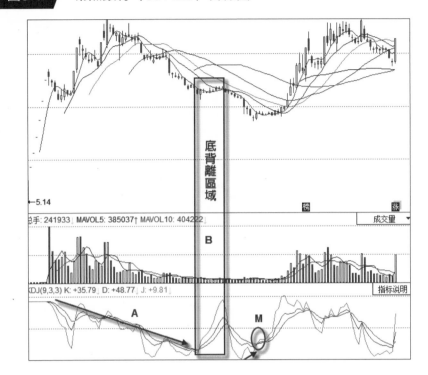

向上發散形態，為KDJ底部訊號。由於KDJ三線一度接近底部，說明深幅修正行情已結束，投資者應及時買進。

　　圖3-2（見78頁）是雅化集團的日線圖，KDJ三線在A區域相繼向上突破50線，並繼續震盪上行，之後在M1和M2區域的回落中，J線兩度短暫跌破50線又立刻回升，說明股價的修正幅度較小。修正結束後，KDJ指標出現黃金交叉、三線向上發散形態，投資者應及時買進。

　　圖3-3（見79頁）是柘中股份的日線圖，KDJ三線在A區域向上突破50線，然後J線回落，在M區域向下接近K線和D線，尚未發生交叉就止跌轉向上行，形成死亡交叉不叉形態。這說明股價只是短暫小幅修正，在修正結束後，投資者應及時進場買股。

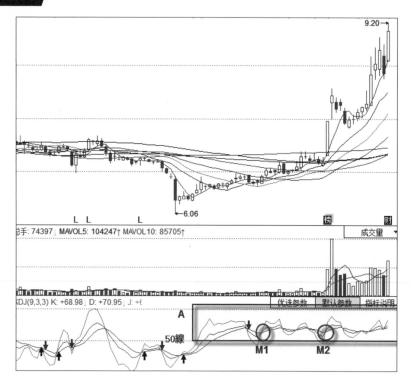

圖3-2　　雅化集團（002497）日線圖

實戰指南

（1）KDJ指標出現底部訊號時，應確認KDJ三線在50線以上運行，且股價處於明顯的上漲趨勢中。

（2）股價處於上漲趨勢時，投資者可以在以下的時機買進：KDJ指標出現死亡交叉不叉形態時，如圖3-3的M區域；在低位黃金交叉後三線向上發散時，如圖3-1的M區域；在50線附近出現KDJ黃金交叉時，如圖3-2的M1和M2區域。

（3）在股價上漲趨勢中，若KDJ指標出現回落，投資者應等到三線止跌回升，也就是股價修正結束時再買進，切記不可過早行動。

（4）若KDJ三線未跌破50線就止跌，股價往往處於極短的修正行情中，投資者應果斷快速買進，如圖3-3的M區域所示。

圖3-3　柘中股份（002346）日線圖

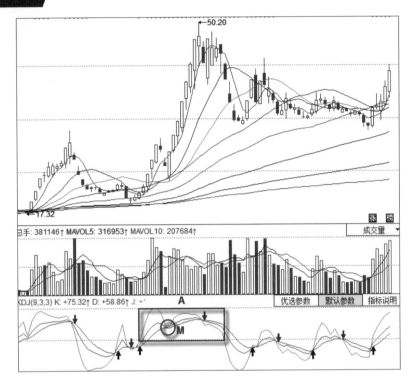

（5）在股價上漲趨勢中，應隨時留意底背離現象。若出現底背離，投資者應等到背離結束、指標與股價恢復正常運行後，再尋找KDJ底部訊號，如圖3-1所示。

小提醒

　　在上漲趨勢中，如果股價與KDJ指標出現頂背離，此時的背離結束並非買進訊號，而是賣出訊號，值得投資者高度重視。

下跌趨勢中的KDJ底部訊號

　　當股價處於下跌趨勢中，KDJ指標的底部訊號表現為KDJ三線跌破50線之後止跌。這代表股價處於較大幅度的修正行情，或是新一輪上漲趨勢即將展開，所以是底部進場的好時機。投資者應在KDJ指標出現明顯的底部反轉形態時，例如：J線低位鈍化後向上黃金交叉，且三線向上發散，果斷進場買股。

(S↑) 形態特徵

　　（1）在股價下跌趨勢中出現KDJ底部訊號之前，KDJ指標和股價往往都會經過一段較長時間的下行。當股價跌幅越大，KDJ指標在低位盤整的時間越久，則底部訊號的準確率越高。

　　（2）在股價下跌趨勢中出現KDJ底部訊號時，J線往往會發生低位鈍化現象，K線與D線通常已在底部低位區轉成平行震盪。

　　（3）在股價下跌趨勢中出現KDJ底部訊號時，投資者應在KDJ指標形成明顯的底部反轉形態，也就是KDJ黃金交叉、三線向上發散時，才進場買股。

(S↑) 形態解讀

　　圖3-4是南方軸承的日線圖，當股價在A段下跌時，KDJ三線在B段持續下行，抵達50線以下的低位區。隨後，J線在M區域出現短暫的低位鈍化，K線與D線走平後轉向上行，形成KDJ低位黃金交叉、三線向上發散，是明顯的底部反轉形態，投資者應及時買進。

　　圖3-5（見82頁）是杭氧股份的日線圖，當股價在A段下跌時，KDJ三線在B段下行，抵達50線以下的底部低位區。隨後，J線在C區域出現短暫的低位鈍化，K線與D線逐漸走平，此時KDJ指標與股價形成底背離。

　　背離結束時，F區域出現KDJ黃金交叉不叉形態，說明股價將維持低位弱勢震盪。投資者應等到在M區域出現KDJ黃金交叉、三線向上發散形態時，再進場買股。

圖3-4　南方軸承（002553）日線圖

💲 實戰指南

（1）在股價下跌趨勢中出現KDJ底部訊號之前，往往會經過一段明顯的下跌走勢，如圖3-4和圖3-5的A、B段所示。

（2）在股價下跌趨勢中出現KDJ底部訊號時，不代表股價會立即止跌，投資者應等到底部反轉形態成立，也就是J線低位鈍化後形成KDJ黃金交叉、三線向上發散時，才進場買股，如圖3-4和圖3-5的M區域所示。

（3）在股價下跌趨勢中出現KDJ底部訊號時，如果發生底背離現象，應等到背離結束後，出現KDJ底部反轉形態時再買進，如圖3-5所示。

圖3-5　杭氧股份（002430）日線圖

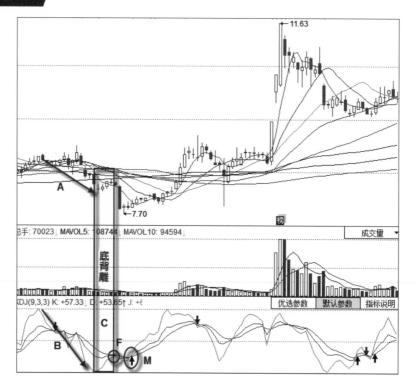

小提醒

　　在股價下跌趨勢中出現KDJ底部訊號時，如果J線低位鈍化的持續時間較長，且當時沒有發生底背離現象，投資者可以考慮在J線結束鈍化、轉向上行時買進，但前提是此時的K線與D線必須呈現平行震盪狀態。

3-2　KDJ三線呈現5種黃金交叉，讓你買在最低點

黃金交叉

　　KDJ黃金交叉是指，J線在K線和D線之下運行時，由下向上與K線和D線形成交叉，為典型的買進訊號。要注意的是，日線圖或更短週期K線圖的KDJ指標變化較快，經常出現黃金交叉，相較之下，週線圖和月線圖上的KDJ黃金交叉可信度更高。

(S) 形態特徵

　　（1）KDJ黃金交叉出現之前，J線往往是在K線與D線以下運行。
　　（2）KDJ黃金交叉出現時，J線由下向上與K線和D線形成交叉。
　　（3）KDJ黃金交叉可以出現在50線以上或以下，甚至是50線附近。出現50線以下的低位黃金交叉時，如果J線剛剛結束低位鈍化，且D值接近20或在20以下，往往是底部反轉的訊號。

(S) 形態解讀

　　圖3-6（見84頁）是聚隆科技的週線圖，在A區域，J線由下向上交叉K線與D線，在50線附近形成KDJ黃金交叉。由於之前的KDJ三線圍繞在50線附近震盪，因此研判行情依然會繼續震盪走高。

　　在B區域，J線再次向上交叉K線與D線，形成KDJ黃金交叉。由於之前的J線出現低位鈍化，加上KDJ黃金交叉出現在50線以下，隨後三線明顯

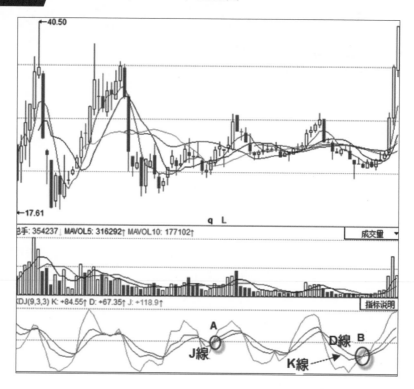

| 圖3-6 | 聚隆科技（300475）週線圖 |

向上發散，說明股價的震盪行情已結束，上漲趨勢正在形成，投資者可以買進。

　　圖3-7是福安藥業的週線圖，當KDJ三線在50線以上震盪上行之際，J線位於A區域、B區域、C區域前後3次，先滑落再反轉向上與K線和D線交叉，形成50線以上的KDJ黃金交叉。觀察D段的KDJ指標，會發現三線緩慢地震盪上升，且在A、B、C區域皆為上行狀態，說明股價處於緩慢震盪上漲行情，投資者可以積極買進。

　　圖3-8（見86頁）是金牛化工的週線圖，J線在B區域出現短暫的低位鈍化，且D值小於20，提示市場超賣。在2015年9月30日的M區域，J線向上與K線和D線形成黃金交叉，D值只有16.92，依然處於超賣狀態。這說明價格已經觸底，投資者應及時買進。

圖3-7　福安藥業（300194）週線圖

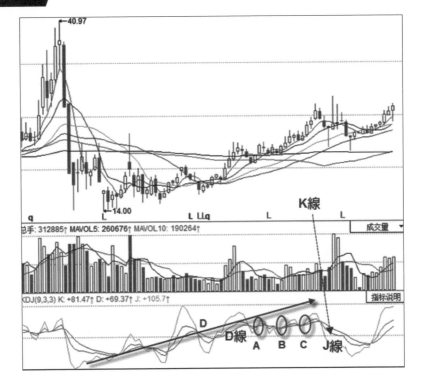

💲 實戰指南

（1）利用KDJ黃金交叉判斷行情時，使用週線圖或月線圖觀察的可信度更高。

（2）週線圖上出現KDJ黃金交叉時，投資者應在J線低位鈍化後，出現低位黃金交叉、三線向上發散形態時買進，如圖3-6的B區域和圖3-8的M區域所示。

（3）出現KDJ黃金交叉時，應綜合觀察前期KDJ指標的運行趨勢。如果KDJ黃金交叉出現在50線附近，往往表示股價處於震盪行情，未來趨勢尚未明朗，投資者應繼續觀望，如圖3-6的A區域所示。

（4）如果KDJ黃金交叉出現在50線以上，且三線持續震盪上行，往往表示股價處於震盪但穩健上漲的狀態，如圖3-7所示。

圖3-8　金牛化工（600722）週線圖

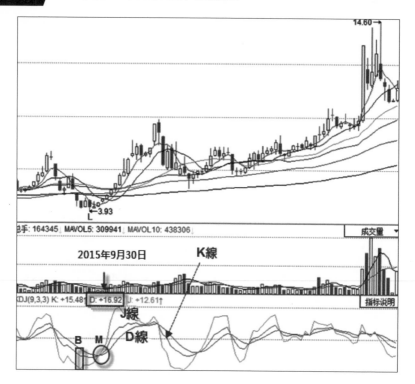

小提醒

　　如果KDJ黃金交叉出現在50線以上，但是K線與D線向下運行，三線並未明顯向上發散，往往表示股價處於高位震盪後的次級反彈，之後轉跌的機率極大，投資者應謹慎參與。

突破壓力線的KDJ黃金交叉

　　突破壓力線的KDJ黃金交叉是指，發生KDJ黃金交叉時，股價剛好向上突破壓力線，且之後往往持續上漲，因此是買進的訊號。

圖3-9　星河生物（300143）週線圖

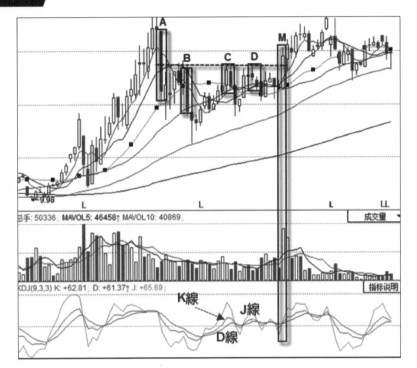

(S) 形態特徵

（1）壓力線是股價前期上時形成的盤整高點，或是下跌中套牢籌碼大量堆積的位置，具有阻止股價繼續上升的作用。

（2）突破壓力線的KDJ黃金交叉出現時，成交量往往會放大。

（3）突破壓力線的KDJ黃金交叉出現後，三線必須明顯向上發散。

(S) 形態解讀

圖3-9是星河生物的週線圖，股價經過前期上漲之後，在B區域至D區域震盪下跌，KDJ指標在M區域出現黃金交叉、三線向上發散形態，且伴隨成交量巨量放大。

股價從A區域的前期高點下跌時，出現放量長陰線，之後在B、C、D

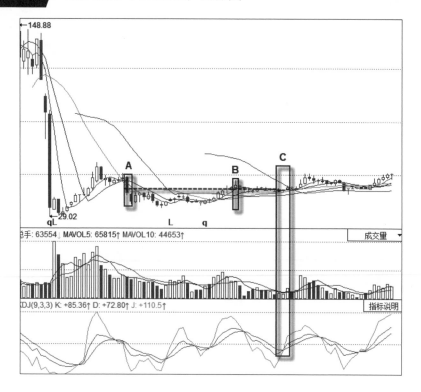

圖3-10　浙江鼎力（603338）週線圖

區域都是達到震盪高點就隨即回落，因此形成一條壓力線，對日後股價的向上突破產生壓力作用。當股價在M區域突破壓力線，並出現KDJ黃金交叉和成交量放量時，是買進訊號，投資者可以放心進場。

　　圖3-10是浙江鼎力的週線圖，股價經過A區域至B區域的震盪之後，KDJ指標在C區域出現黃金交叉、三線向上發散形態。股價在前期A區域下跌時出現放量陰線，在B區域達到震盪高點隨即回落，2點形成一條壓力線，對日後股價的向上突破產生壓力作用。

　　當C區域出現KDJ黃金交叉時，成交量雖然有所放大，但與前期壓力點的成交量相比仍然過小，說明此時的KDJ黃金交叉只是股價虛漲的訊號，很難實現真正的突破，投資者不可買進。

⑤ 實戰指南

（1）投資者應先找出前期下跌的大陰線，以及前期制約股價上漲的震盪高點，並畫出壓力線，才能確認KDJ黃金交叉是否發生在股價突破壓力線的階段。

（2）突破壓力線的KDJ黃金交叉出現之後，投資者應當在三線向上發散，而且股價突破壓力線、成交量格外放大時進場買股，如圖3-9的M區域所示。

（3）突破壓力線的KDJ黃金交叉出現時，股價往往處於震盪盤整行情。此時，KDJ黃金交叉必須伴隨成交量格外放大，而且要超過前期壓力線的量，股價才能實現突破，如圖3-9的M區域所示。如果成交量只是比近期的成交量稍微放大，不能片面認定股價已實現突破，如圖3-10的C區域所示。

（4）突破壓力線的KDJ黃金交叉若出現在50線以上，作為買進訊號的準確率較高，如圖3-9的M區域所示。相反地，如果出現在50線以下，作為買進訊號的準確率較低，之後股價有可能回落，並不是真正的有效突破，如圖3-10的C區域所示。

小提醒

出現突破壓力線的KDJ黃金交叉之後，如果成交量只是稍微放大，且KDJ三線在50線以下，即使之後三線向上發散、股價在壓力線的上方持續上行，往往仍會回落，並不是真正的有效突破。

K線與D線平行震盪後的黃金交叉

K線與D線平行震盪後的黃金交叉，也是提示買進的訊號。當K線與D線呈現平行震盪，往往表示股價進入盤整階段，之後出現的KDJ黃金交叉表示股價會由跌轉漲，或是在高位盤整後恢復上行。

圖3-11　亨通光電（600487）週線圖

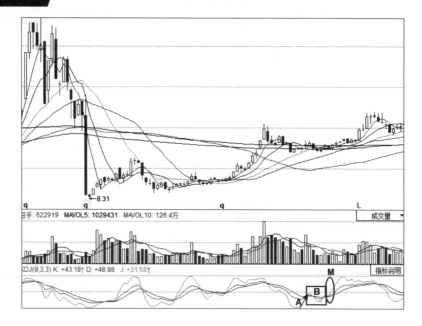

💲 形態特徵

（1）K線與D線平行震盪後的黃金交叉，如果出現在股價上漲趨勢中，之前的KDJ三線往往會下跌至50線上方或附近，K線與D線轉為平行震盪，然後形成黃金交叉。

（2）如果出現在股價下跌趨勢中，K線與D線往往在50線以下的低位區平行震盪，然後形成黃金交叉。

（3）如果出現在KDJ三線從低位上行的初期，K線與D線往往在50線附近平行震盪，然後形成黃金交叉。

💲 形態解讀

圖3-11是亨通光電的週線圖，KDJ三線在A段從低位上行，抵達50線之前，K線與D線在B區域轉為平行震盪。之後，J線轉為上行，在M區域與K線和D線形成黃金交叉，隨後三線向上發散。這說明股價上漲初期的修正已結束，即將再次上漲。

圖3-12　諾德股份（600110）週線圖

圖3-12是諾德股份的週線圖，KDJ三線在A段震盪上行後回落，K線與D線在B區域轉為平行震盪。在M區域，J線在50線附近與K線和D線形成黃金交叉，然後三線向上發散。這說明股價修正結束，即將恢復上漲。

圖3-13（見92頁）是西山煤電的週線圖，KDJ三線在A段大幅下行後抵達底部，J線在B區域發生低位鈍化，K線與D線在C區域平行震盪，接著在M區域形成黃金交叉、三線向上發散形態，說明股價已在底部充分震盪盤整，即將轉勢向上。

🖫 實戰指南

（1）K線與D線平行震盪後的黃金交叉，如果出現在股價長期下跌或短期大幅下跌之後，往往是底部形成的訊號，如圖3-13所示。

圖3-13 西山煤電（000983）週線圖

（2）K線與D線平行震盪後的黃金交叉，如果出現在股價大幅上漲之後，往往是股價修正後再度上漲的訊號，如圖3-12所示。

（3）K線與D線平行震盪後的黃金交叉，如果出現在KDJ指標由底部反彈後的初上升階段，通常是股價上漲初期的修正已結束、即將恢復上漲的訊號，如圖3-11所示。

小提醒

K線與D線平行震盪後的黃金交叉出現時，如果KDJ三線沒有明顯向上發散，成交量也沒有放量，往往不能判定前期的修正行情已結束，投資者應繼續觀望。

J線低位鈍化＋KDJ黃金交叉

　　J線低位鈍化＋KDJ黃金交叉是指，KDJ指標長期下行之後，J線發生鈍化現象，在指標區間的下沿平行運行，然後向上與K線和D線形成黃金交叉。

⑤ 形態特徵

　　（1）J線低位鈍化＋KDJ黃金交叉出現之前，股價和KDJ指標往往經過一段大幅度的下行走勢。

　　（2）J線低位鈍化＋KDJ黃金交叉出現時，在J線低位鈍化期間，D線與K線往往是平行運行。

　　（3）J線低位鈍化＋KDJ黃金交叉出現之後，KDJ三線會向上發散。

⑤ 形態解讀

　　圖3-14（見94頁）是晶方科技的週線圖，股價在A段長期大幅下跌，KDJ三線在B段震盪下行之後，J線在C區域出現2次低位鈍化，然後在M區域與K線和D線形成黃金交叉、三線向上發散形態，說明股價已經觸底，即將反彈上漲。

　　圖3-15（見95頁）是華燦光電的週線圖，股價與KDJ三線分別在A段和B段向下運行之後，J線在C區域出現短暫的低位鈍化，K線與D線在低位平行震盪，之後三線形成黃金交叉、向上發散形態，股價也出現反彈上漲。然而，此時投資者不能視其為J線低位鈍化＋KDJ黃金交叉形態，因為該股在E區域實施「高配股」（即配股或公積轉增資的比例很大）。

　　高配股表面上是增加公司流通股票的數量，事實上不會影響公司獲利和股東權益。上市公司在高配股方案實施當天，就會對股價進行除權處理，雖然總股數變大，但股價同時被下調，公司的總市值其實沒有變化。因此，高配股只是公司內部結構的調整，投資者在觀察與分析時，應將K線圖恢復到除權前或除權後的狀態。

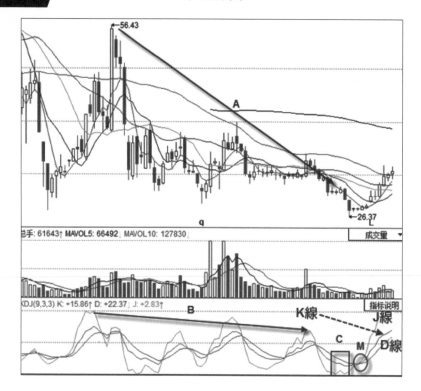

圖3-14 晶方科技（603005）週線圖

實戰指南

（1）J線低位鈍化＋KDJ黃金交叉出現之前，股價和KDJ指標往往經過長期大幅下跌。

（2）J線低位鈍化＋KDJ黃金交叉出現時，J線低位鈍化的時間越長，後市反轉的訊號往往越可靠。

（3）J線低位鈍化＋KDJ黃金交叉出現時，如果股票實施高配股，投資者應將圖形恢復到除權前或除權後再觀察。

（4）J線低位鈍化＋KDJ黃金交叉出現之後，投資者應在三線明顯向上發散，且股價未受其他特殊因素影響時買進。

圖3-15　華燦光電（300323）週線圖

小提醒

　　J線低位鈍化＋KDJ黃金交叉，如果出現在一輪短線暴跌行情結束時，那麼在J線低位鈍化後，K線和D線平行震盪的時間會比較短，很快就與J線一起轉向上行，此時的反轉訊號同樣可信。

K值與D值在20以下的黃金交叉

　　K值與D值20在以下的黃金交叉是指，發生KDJ黃金交叉時，K值和D值均在20以下。此形態往往是KDJ指標處於超賣狀態，在股價之前先行止穩的表現，因此是股價觸底時的買進訊號。

圖3-16　新綸科技（002341）週線圖

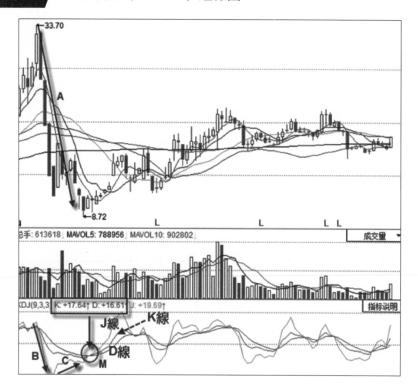

💲 形態特徵

出現K值與D值在20以下的黃金交叉之前，往往會發生J線低位鈍化，K線和D線從低位平行震盪轉為略向上行。

💲 形態解讀

圖3-16是新綸科技的週線圖，在股價和KDJ三線分別經歷A段與B段的向下運行後，J線出現短暫的低位鈍化。之後，K線和D線震盪走平，J線向上運行，在M區域與K線和D線發生黃金交叉，此時K值為17.64，D值為16.61，都小於20，便形成K值與D值在20以下的黃金交叉形態，說明股價趨勢開始反轉。

圖3-17是易事特的週線圖，股價和KDJ三線分別在A段與B段向下運

圖3-17 易事特（300376）週線圖

行，J線在C區域出現鈍化，三線在D區域形成黃金交叉，此時K值為6.40，D值為9.37，都小於20。但由於該股在F區域實施高配股，投資者不能視其為K值與D值在20以下的黃金交叉形態。

$ 實戰指南

（1）出現K值與D值在20以下的黃金交叉之前，J線往往會發生低位鈍化，如圖3-16中B段走勢的末端。

（2）K值與D值在20以下的黃金交叉，通常出現在50線以下的低位區，如圖3-16的M區域所示。

（3）出現K值與D值在20以下的黃金交叉時，投資者應在KDJ三線向上發散，且股價未受到高配股影響時買進，如圖3-16的M區域所示。

（4）出現K值與D值在20以下的黃金交叉時，如果股價受到高配股影響，投資者應將圖形恢復到除權前或除權後，再進行觀察。

小提醒

出現K值與D值在20以下的黃金交叉時，如果發生底背離現象，投資者應在底背離結束後，出現KDJ黃金交叉、三線向上發散形態時，買股進場。

3-3 股價強勢修正後，發現這4種形態應及時進場

回落50線以下的黃金交叉

回落50線以下的黃金交叉是指，股價由下跌趨勢轉為上漲之後，當出現首次回檔時，KDJ三線回落到50線以下，並且J線由下向上穿過K線與D線，形成黃金交叉。此形態說明股價修正已結束，即將恢復上漲，是強勢修正後的買進訊號。

⑤ 形態特徵

（1）回落50線以下的黃金交叉出現之前，股價通常在下跌趨勢轉為上漲趨勢的初期，並且出現上漲後的初次回檔。

（2）KDJ指標形成黃金交叉的位置必須在50線以下，才能確認形態成立。

⑤ 形態解讀

圖3-18（見100頁）是天海防務的日線圖，股價在A段長期下跌之後，先在B段反彈上漲，接著在C段回檔下跌，但是尚未跌破前期低點就止跌回升。KDJ三線在M區域運行到50線以下，J線向上與D線和K線發生黃金交叉，形成回落50線以下的KDJ黃金交叉形態，說明股價修正已結束，投資者應果斷進場買股。

圖3-19（見101頁）是安科生物的日線圖，股價在A段下跌之後，先在

圖3-18　天海防務（300008）日線圖

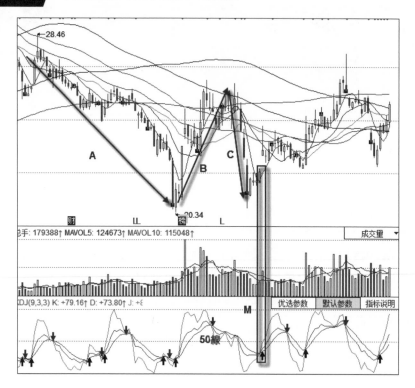

B段反彈上漲，接著在C段回檔下跌。之後在D區域，KDJ三線已經回落到
50線以下，J線向上與K線和D線形成黃金交叉。

　　猛然一看，安科生物與天海防務的形態基本上相似，但是安科生物的
B段走勢並非上漲行情，只是一小段反彈。因此，投資者不應將D區域的
形態，視為回落50線以下的黃金交叉形態。

⑤ 實戰指南

　　（1）回落50線以下的黃金交叉出現之前，股價往往經過明顯的下跌
趨勢（如圖3-18的A段），以及趨勢反轉後的上漲（如圖3-18的B段）。
　　（2）投資者應在回落50線以下的黃金交叉成立時，果斷進場買股，
如圖3-18的M區域所示。

圖3-19　安科生物（300009）日線圖

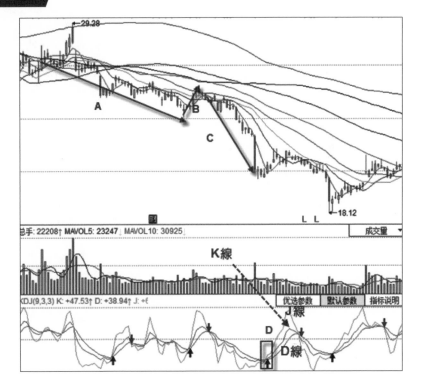

（3）回落50線以下的黃金交叉出現時，股價往往不會刷新前期低點，如圖3-18的M區域所示。

（4）回落50線以下的黃金交叉出現時，不但要確保KDJ三線在50線以下，也要確認股價已從前期的下跌趨勢轉為上漲趨勢，否則不能視其為修正結束的買進訊號，如圖3-19所示。

> **小提醒**
>
> 出現回落50線以下的黃金交叉時，J線的震盪波浪最好呈現逐漸升高的狀態。

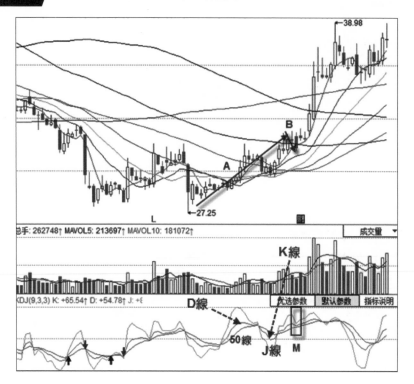

圖3-20　　億緯鋰能（300014）日線圖

KDJ死亡交叉不叉

　　KDJ死亡交叉不叉是指，KDJ三線向下運行時，J線向下靠近K線和D線，但是尚未交叉就反轉向上運行，沒有完成死亡交叉。這往往說明股價的短線修正已結束，即將恢復上漲，因此是買進訊號。

⑤ 形態特徵

　　（1）KDJ死亡交叉不叉出現之前，KDJ指標通常指示股價上漲，也就是KDJ三線運行在50線之上。

　　（2）KDJ死亡交叉不叉出現時，J線的走向是向下運行，但是在形成死亡交叉之前，就停止向下而轉為上行。

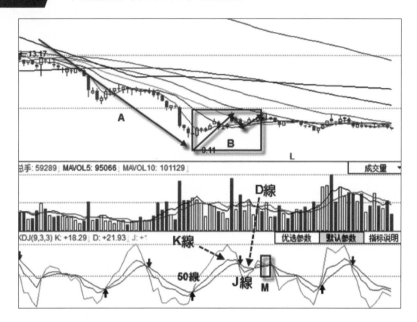

圖3-21 華測檢測（300012）日線圖

形態解讀

圖3-20是億緯鋰能的日線圖，股價經過A段的上漲之後，在B段出現短線修正。對應到M區域的KDJ指標，J線向下運行並靠近K線，尚未碰到K線就轉頭向上，形成KDJ死亡交叉不死形態。這說明股價的短線修正已結束，投資者可以買進。

圖3-21是華測檢測的日線圖，股價在A段下跌之後，在B段止跌小幅反彈，然後反覆震盪。對應到KDJ指標，J線在M區域向下靠近K線，尚未碰到K線就止跌回升，同樣形成KDJ死亡交叉不叉形態。但由於此形態出現在股價下跌趨勢中，投資者不應買進。

實戰指南

（1）KDJ死亡交叉不叉出現之前，必須確認股價為上漲趨勢，如圖3-20的A段走勢，而非圖3-21的下跌轉震盪趨勢。

（2）KDJ死亡交叉不叉出現時，必須確認KDJ三線在50線以上運

行，如圖3-20的M區域所示。

（3）KDJ死亡交叉不叉出現時，必須確認J線沒有向下與K線和D線形成死亡交叉，如圖3-20的M區域所示。

（4）KDJ死亡交叉不叉出現時，投資者應在該形態確認後，J線反轉向上運行時買進，如圖3-20的M區域所示。

> **小提醒**
>
> 　　出現KDJ死亡交叉不叉時，如果J線一度向下與K線和D線形成死亡交叉，但之後沒有繼續下行，而是立刻反轉向上與K線和D線形成黃金交叉，投資者不應視其為KDJ死亡交叉不叉形態。

50線附近的KDJ二次黃金交叉

　　50線附近的KDJ二次黃金交叉是指，股價在上漲趨勢中出現向下修正，此時KDJ三線向下運行到50線附近便停止下行，並在不久後，接連2次出現J線向上交叉K線與D線的情況。此形態是股價修正行情結束的強勢止跌訊號，也是買進的訊號。

形態特徵

　　（1）50線附近的KDJ二次黃金交叉出現時，股價往往處於上漲趨勢中的修正行情。

　　（2）50線附近的KDJ二次黃金交叉出現時，必須確保KDJ三線接近50線，或是在50線的略為上方或下方。

　　（3）50線附近的KDJ二次黃金交叉出現時，J線必須連續2次向上與K線和D線形成黃金交叉，且時間不能相隔過久。

形態解讀

　　圖3-22是柘中股份的日線圖，股價在A段上漲之後，在B段修正下

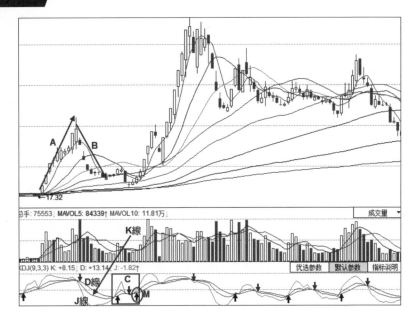

圖3-22　柘中股份（002346）日線圖

跌。隨後，KDJ三線在C區域接近50線，J線2次向上與K線和D線交叉，且時間相隔很近，形成50線附近的KDJ二次黃金交叉形態。這說明股價上漲趨勢中的修正已結束，投資者應果斷買股進場。

　　圖3-23（見106頁）是康弘藥業的日線圖，股價在A段上漲後，在B區域出現高位震盪的修正。相對到C區域，KDJ三線在50線的略為下方出現2次KDJ黃金交叉。然而，第一次黃金交叉發生在2016年11月30日，第二次黃金交叉發生在2016年12月21日，2次黃金交叉的時間相隔太久。

　　在日線圖中，黃金交叉出現之後，維持上漲的有效時間通常是15天至1個月。因此，投資者不能將圖3-23的情況，視為50線附近的KDJ二次黃金交叉形態。

💲 實戰指南

　　（1）50線附近的KDJ二次黃金交叉出現時，股價必須處在上漲趨勢中的回檔行情，如圖3-22的A段和B段走勢。

康弘藥業（002773）日線圖

（2）50線附近的KDJ二次黃金交叉出現時，必須確認2次黃金交叉都在50線附近，如圖3-22的C區域所示。

（3）50線附近的KDJ二次黃金交叉出現時，2次黃金交叉的時間不能間隔太久，否則將失去作用，如圖3-23的C區域所示。

（4）現50線附近的KDJ二次黃金交叉出時，投資者應在第二次黃金交叉出現時買進，如圖3-22的M區域所示。

小提醒

50線附近的KDJ二次黃金交叉，如果出現在股價的震盪行情中，即使2次黃金交叉出現的時間相隔很近，也不具參考價值。

J線低位持久鈍化

　　J線低位持久鈍化是指，當KDJ三線向下運行到底部低位區，J線出現在指標區間下沿平行運行的狀態。如果這種J線鈍化的時間比較長，股價往往會明顯強勢反轉，投資者應及時買進股票。

(S) 形態特徵

　　（1）J線低位持久鈍化，出現在KDJ三線於50線以下向下運行的過程中，且靠近底部低位區。

　　（2）J線低位持久鈍化出現時，J線在指標區間下沿平行運行的狀態，應持續一段較長的時間，或是出現反覆鈍化的情形。

　　（3）J線低位持久鈍化出現時，在確認股價底部後，K線與D線往往呈現平行或略向上行的狀態。

(S) 形態解讀

　　圖3-24（見108頁）是聯美控股的週線圖，KDJ三線在A段下行之後，在B區域運行到底部低位區，此時J線反覆發生低位鈍化。之後，K線和D線的下行放緩，三線在M區域形成黃金交叉。這說明股價經過低位震盪後，已經觸底回升，投資者應及時進場買股。

　　圖3-25（見109頁）是太原重工的日線圖，KDJ三線在A段快速下行之後，J線到達低位區，並在B區域反覆發生低位鈍化，且鈍化的持續時間較長。之後，K線與D線在M區域平行震盪，並出現2次低位黃金交叉、三線向上發散形態。這說明股價上漲過程中的修正已結束，投資者應果斷進場買股。

(S) 實戰指南

　　（1）J線低位持久鈍化往往出現在股價下跌趨勢中（如圖3-24所示），或是上漲趨勢的修正行情中（如圖3-25所示）。

　　（2）J線低位持久鈍化是股價即將觸底回升的訊號，此形態出現後，投資者應等到K線與D線走平後向上，並出現KDJ黃金交叉、三線向上發

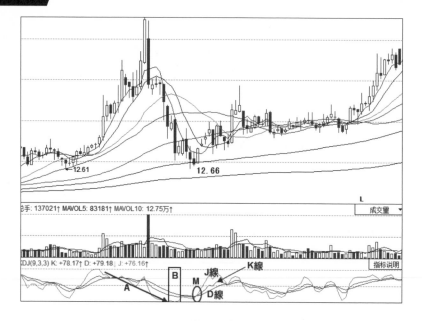

圖3-24　聯美控股（600167）週線圖

散形態時再買進，如圖3-24和圖3-25的M區域所示。

（3）J線低位持久鈍化出現時，KDJ三線必須位於50線以下的底部低位區。

> **小提醒**
>
> 　　出現J線低位持久鈍化之後，如果K線和D線無法在低位區停止下行，並走平震盪，代表股價仍會不斷震盪走低，投資者不能貿然買進。

圖3-25　太原重工（600169）日線圖

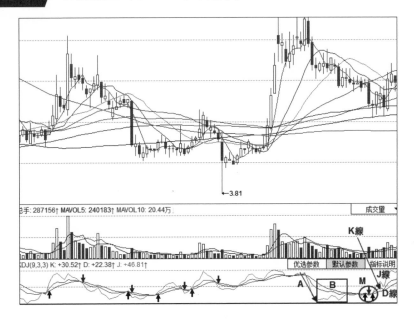

第 4 章

如何抓賣點？捕捉見頂徵兆，鎖定高位停漲點

會買股的只是徒弟，會賣股的才是師父。
投資者要學會分辨KDJ指標的頭部訊號，
以及當股價從頭部強勢反轉、
弱勢轉弱時的各種形態，
才能把握最佳賣出時機，成功完成一輪操作。

4-1 在從強轉弱的趨勢中，KDJ怎麼顯示頭部訊號？

KDJ指標頭部訊號

最明顯的KDJ指標頭部訊號，是KDJ三線向上運行到指標區間的頭部高位區。由於K線與D線的運行區間為0～100，且3條線會不斷上下波動，當KDJ三線都運行到高位區域，就是股價見頂反轉的預警訊號。

⑤ 形態特徵

（1）出現KDJ指標頭部訊號之前，KDJ三線往往會向上突破50線，並持續上行。

（2）出現KDJ指標頭部訊號時，KDJ三線會明顯位於指標區間的頭部高位區，且三線的數值都會偏高。

⑤ 形態解讀

圖4-1是連雲港的日線圖，KDJ三線在A段相繼向上突破50線，並出現一段連續上行走勢，直到M區域到達指標區間的頭部高位區。此時KDJ三線的數值都達到80以上，說明股價即將見頂，投資者應在M區域及時賣股離場。

圖4-2（見114頁）是城投控股的週線圖，KDJ三線在A段向上突破50線後，持續上行到達M區域的頭部高位區，此時KDJ三線的數值都達到56以上，說明股價即將見頂，投資者應當注意。

圖4-1　連雲港（601008）日線圖

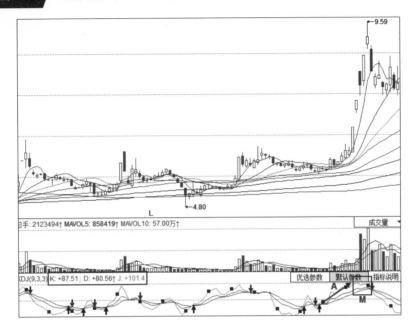

🅢 實戰指南

（1）KDJ指標頭部訊號出現之前，KDJ三線會突破50線並持續上行，如圖4-1與圖4-2的A段走勢。

（2）KDJ指標頭部訊號出現時，KDJ三線的數值通常在50以上。越接近極限值100，或是在鈍化值80以上，見頂的訊號就越可靠。

（3）KDJ指標頭部訊號出現時，KDJ三線皆到達頭部區域，但這只是股價即將見頂的訊號，不代表已經見頂。投資者應根據KDJ高位死亡交叉、三線向下發散等形態，來判斷股價見頂的具體賣點，如圖4-1與圖4-2中M區域的末端。

（4）在不同週期K線圖上，KDJ指標頭部訊號的形態都是一樣。

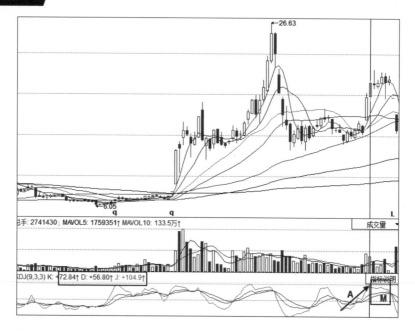

圖4-2　　城投控股（600649）週線圖

　　出現KDJ指標頭部訊號時，雖然不同週期K線圖上的KDJ形態是一樣的，但是股價見頂後，回落的週期卻不相同。一般來說，K線圖的週期越短，股價短線反轉的可能性越大，而週期越長，股價越有可能只是短線修正，投資者應配合趨勢觀察。

K線與D線上行漸緩

　　K線與D線上行漸緩是指，KDJ三線向上突破50線之後，持續上行到達頭部區域，接著J線繼續向上或發生高位鈍化，K線與D線的上行速度漸緩，或是轉成平行狀態。這說明股價越向上漲，遇到的壓力越大，幾乎要滯漲不動，投資者應保持警覺，準備在股價回落時賣出持股。

圖4-3　國盛金控（002670）週線圖

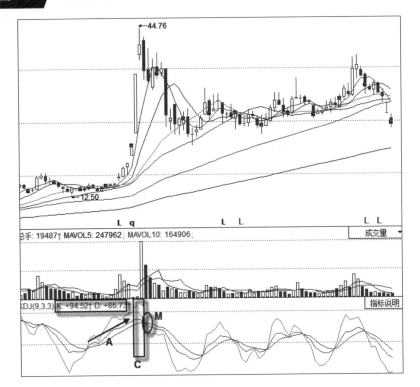

$ 形態特徵

（1）出現K線與D線上行漸緩之前，KDJ三線往往會在50線以上向上運行。

（2）出現K線與D線上行漸緩時，J線可能會持續上行或發生高位鈍化，而透過K線與D線的上行斜率，可以看出它們已處於平行或震盪狀態，且數值會偏高。

（3）出現K線與D線上行漸緩時，如果J線向下運行，一旦與K線和D線形成死亡交叉、三線向下發散形態，往往是強烈的股價見頂訊號。

$ 形態解讀

圖4-3是國盛金控的週線圖，KDJ三線在A段運行到50線以上，並持續

圖4-4　匯金通（603577）日線圖

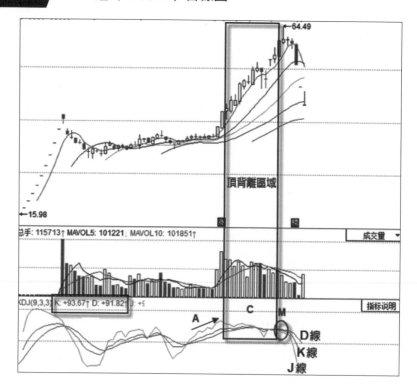

上行，J線在C區域發生高位鈍化，K線與D線的數值一直維持在80～100之間高位震盪。之後，M區域出現KDJ死亡交叉、三線向下發散形態，說明股價見頂回落，投資者應及時賣出持股。

　　圖4-4是匯金通的日線圖，KDJ三線經過A段的上行走勢之後，K線與D線在C區域黏合平行震盪，此時K值與D值皆維持在90以上，且J線出現明顯的震盪回落，說明股價即將見頂。之後，三線在M區域黏合震盪，並形成KDJ死亡交叉、三線向下發散形態，是股價趨勢反轉前的賣出訊號。

⑤ 實戰指南

　　（1）出現K線與D線上行漸緩時，投資者應在J線向下死亡交叉K線與D線、三線向下發散時賣出，如圖4-3與圖4-4的M區域所示。

（2）出現K線與D線上行漸緩之前，不論J線是否運行到頭部區域，是否發生鈍化現象，KDJ三線都會經過一段明顯的上行，如圖4-3與圖4-4的A段走勢。

（3）出現K線與D線上行漸緩時，如果J線持續上行或是鈍化後快速下行，也就是J線距離K線與D線比較遠時，往往是股價快速見頂回落的徵兆，如圖4-3的C區域所示。

（4）出現K線與D線上行漸緩時，即使J線震盪下行，如果距離K線與D線比較近，甚至出現三線黏合震盪或頂背離現象，投資者應等到背離結束後，形成KDJ死亡交叉、三線向下發散時再賣出，如圖4-4的C區域。

小提醒

　　K線與D線上行漸緩，如果出現在1分鐘或5分鐘等短週期圖上，只能作為短線賣點的參考。若要觀察更長波段的趨勢演變，應採用較長週期的K線圖。

J線高位鈍化

　　J線高位鈍化是指，KDJ三線在50線以上向上運行時，J線突破100後發生高位鈍化。此形態通常是股價即將見頂的訊號，而具體的賣點，應結合KDJ死亡交叉、三線向下發散等形態來確定。

⑤ 形態特徵

（1）J線高位鈍化出現時，KDJ三線已運行到50線以上的頭部高位區，J線會在指標區間上沿平行運行。

（2）J線高位鈍化只是股價即將形成頭部的訊號，若要確定具體的趨勢反轉賣點，應根據KDJ死亡交叉、三線向下發散等形態來判斷。

圖4-5　　博敏電子（603936）週線圖

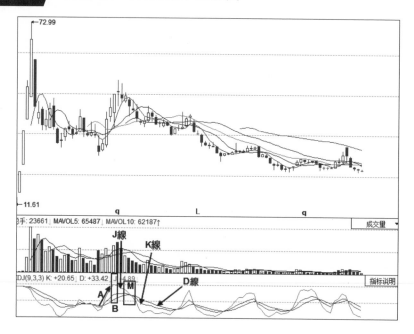

$ 形態解讀

　　圖4-5是博敏電子的週線圖，KDJ三線在A段運行到50線以上，並持續上行，J線在B區域發生高位鈍化，說明股價即將見頂。之後，當M區域出現KDJ死亡交叉、三線向下發散形態，就是趨勢反轉向下的訊號。

　　圖4-6是靈康藥業的週線圖，KDJ三線在A段運行於50線之上，J線在B區域出現短暫的高位鈍化。之後J線回落，在M區域與K線和D線形成死亡交叉、三線向下發散形態，此時投資者應賣出持股。

　　然而，如果觀察前期趨勢，會發現KDJ三線在C區域一直圍繞50線大幅震盪，說明M區域的形態源自震盪行情中的明顯高點，因此從更長週期的角度來看，投資者可以持續進行波段操作。

$ 實戰指南

　　（1）J線高位鈍化出現時，不代表股價趨勢會立刻轉向，只有之後形

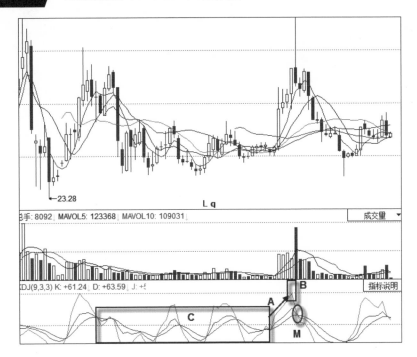

圖4-6　　靈康藥業（603669）週線圖

成KDJ死亡交叉、三線向下發散形態時，才是賣出訊號，如圖4-5與圖4-6的M區域所示。

（2）如果J線高位鈍化出現在震盪行情中，高位鈍化的持續時間往往會比較短，之後J線回落得比較快，K線與D線會位於50線附近，如圖4-6所示。

（3）J線高位鈍化結束之後，下行的斜率越大，後市趨勢轉向的可能性就越大。

┌─ 小提醒 ─

　　出現J線高位鈍化時，如果同時發生頂背離現象，投資者應等到背離結束後，出現KDJ高位死亡交叉、三線向下發散形態時，再賣出持股。

4-2 KDJ三線呈現3種死亡交叉，幫你賣在最高點

KDJ死亡交叉

KDJ死亡交叉是指，J線在K線和D線之上運行時，由上向下與K線和D線形成交叉，往往代表股價至少會出現短線下跌，是典型的賣出訊號。至於股價是否會長期向下，應根據形態出現時的趨勢做綜合分析。

形態特徵
（1）KDJ死亡交叉出現之前，J線必須在K線與D線上方運行。
（2）KDJ死亡交叉出現時，J線由上向下與K線和D線形成交叉。
（3）KDJ死亡交叉可以出現在50線以上，或是50線以下。

形態解讀
圖4-7是新宏澤的日線圖，KDJ三線在A段運行於50線之上，J線位在K線與D線上方。接著在M區域，J線向下與K線和D線交叉，形成KDJ死亡交叉，說明股價即將轉向下跌，投資者應及時賣股離場。

圖4-8（見122頁）是寧波海運的日線圖，KDJ三線在A段觸底反彈後，從底部上行，在B區域於50線以下出現KDJ死亡交叉。如果觀察前期的KDJ指標，會發現三線先在C區域圍繞50線震盪，接著在D區域拉高震盪，然後才出現A段的下跌反彈。因此，B區域中的KDJ死亡交叉，其實只是前期C區域震盪行情的延續，不能被視為賣出訊號。

圖4-7　　新宏澤（002836）日線圖

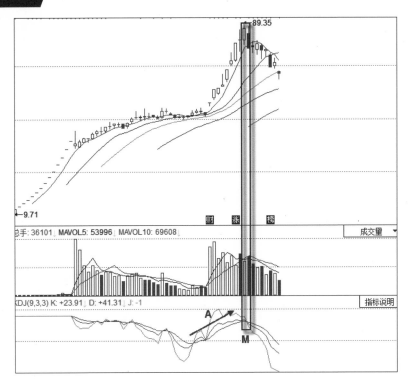

$ 實戰指南

（1）KDJ死亡交叉必須是J線由上向下，與K線和D線形成交叉，如圖4-7的M區域和圖4-8的B區域所示。

（2）KDJ死亡交叉出現時，投資者應在形態完成後，三線向下發散時賣出持股，如圖4-7的M區域所示。

（3）KDJ死亡交叉若出現在震盪行情中，只能代表股價到達震盪高點，而且因為震盪幅度不同，此時的KDJ死亡交叉不具有參考意義。

（4）KDJ死亡交叉若發生在50線以上，往往是股價到達階段高點的訊號。

圖4-8 寧波海運（600798）日線圖

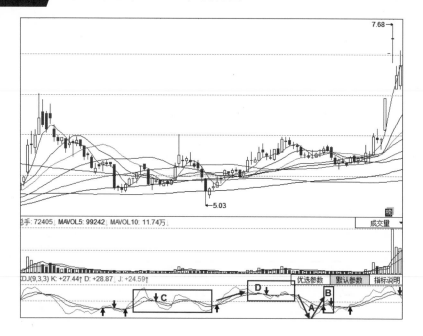

小提醒

　　出現KDJ死亡交叉時，投資者應結合當前與前期的趨勢，進行綜合判斷。如果出現背離現象，加上KDJ死亡交叉出現在底部低位區，往往是股價弱勢震盪的展現，不能作為賣出的參考依據。

KDJ高位死亡交叉

　　KDJ高位死亡交叉是指，J線在50線以上的頭部高位區，由上向下與K線和D線形成死亡交叉，是股價即將轉勢的訊號。但是，若KDJ指標在高位震盪，或發生頂背離現象，KDJ高位死亡交叉往往不具參考意義。投資者應等到KDJ三線向下發散時，才能判定股價即將反轉向下。

⑤ 形態特徵

　　（1）KDJ高位死亡交叉出現之前，KDJ三線往往會突破50線，並明顯向上運行。

　　（2）KDJ高位死亡交叉出現時，KDJ三線必須位在頭部高位區，且數值相對偏高。

　　（3）KDJ高位死亡交叉出現之後，只有三線明顯向下發散、J線下行斜率較大時，趨勢轉向的訊號才比較可靠。

⑤ 形態解讀

　　圖4-9（見124頁）是新華醫療的日線圖，KDJ三線在A段突破50線後持續上行，然後在B區域，J線從頭部高位區向下死亡交叉K線和D線。此時K值和D值均在70～80的高位區，可以判定為高位死亡交叉。之後KDJ三線向下發散時，就是賣出的訊號。

　　圖4-10（見125頁）是銀鴿投資的週線圖，KDJ三線在B段運行於50線上方，然後在A區域出現KDJ高位死亡交叉。然而，此期間的KDJ三線明顯在高位震盪，因此死亡交叉不具參考意義。

　　隨後在C區域，KDJ指標多次形成死亡交叉和黃金交叉，但是三線仍處於震盪狀態，並未明顯向下發散，而且發生頂背離現象。頂背離結束之後，在M區域出現的高位死亡交叉、三線向下發散形態，才是真正具有參考意義的賣出訊號，說明股價趨勢即將反轉。

⑤ 實戰指南

　　（1）KDJ高位死亡交叉必須出現在指標區間的頭部高位區，才是股

圖4-9　新華醫療（600587）日線圖

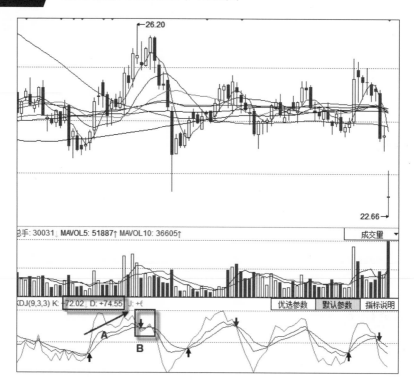

價趨勢反轉的訊號。

（2）KDJ高位死亡交叉指示趨勢反轉時，J線下行的斜率往往會很大，因此向下與K線和D線形成死亡交叉後，會出現明顯的三線向下發散形態，如圖4-9的B區域末端和圖4-10的M區域所示。

（3）KDJ高位死亡交叉出現之後，投資者應在J線明顯下行、三線向下發散時賣出持股，如圖4-9的B區域和圖4-10的M區域所示。如果其間發生頂背離現象，投資者應等到頂背離結束後，形成死亡交叉、三線向下發散形態時再賣出。

圖4-10　銀鴿投資（600069）週線圖

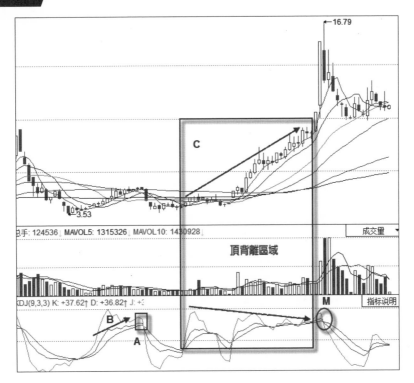

小提醒

　　發生KDJ高位死亡交叉時，如果J線向下的斜率不大，往往說明此時KDJ指標處於高位震盪狀態，股價會持續上漲，所以死亡交叉不具參考意義。

K線與D線高位平行後的死亡交叉

　　K線與D線高位平行後的死亡交叉是指，KDJ三線上行到頭部高位區之後，J線繼續上行或反覆鈍化，K線與D線在高位平行震盪。震盪結束

圖4-11　康欣新材（600076）週線圖

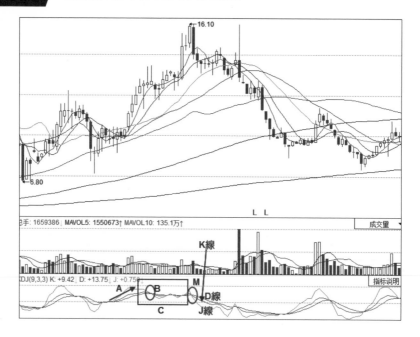

後，J線以近乎垂直的斜率向下形成死亡交叉，代表股價在高位震盪後即將回落。

💲 形態特徵

（1）K線與D線高位平行後的死亡交叉，往往出現在KDJ三線突破50線，並持續上行到頭部高位區之後。

（2）出現K線與D線高位平行後的死亡交叉時，K線與D線呈現相距較近的平行震盪，J線可能反覆震盪並出現高位鈍化，或是震盪且略為向下運行。

（3）出現K線與D線高位平行後的死亡交叉時，J線往往會以較大的斜率向下，與K線和D線形成死亡交叉，之後三線向下發散的形態也比較明顯。

圖4-12　隴神戎發（300534）日線圖

(S) 形態解讀

　　圖4-11是康欣新材的週線圖，KDJ三線在A段突破50線上行之後，在B區域高位平行震盪，此時K線與D線黏合，J線則緩慢向下，圍繞K線與D線上下震盪。之後，J線突然以近乎垂直的斜率向下運行，在M區域與K線和D線形成死亡交叉，然後三線向下發散，構成K線與D線高位平行後的死亡交叉。

　　圖4-12是隴神戎發的日線圖，KDJ三線在A段突破50線上行之後，J線發生高位鈍化現象。在B區域，K線和D線黏合震盪，J線鈍化結束後向下運行，在M區域與K線和D線形成死亡交叉，然後三線向下發散，構成K線與D線高位平行後的死亡交叉。

(S) 實戰指南

　　（1）出現K線與D線高位平行後的死亡交叉之前，KDJ三線必定在50

線以上向上運行。

（2）K線與D線呈現高位平行時，J線表現為持續高位鈍化或高位反覆震盪，如圖4-11和圖4-12的B區域所示。

（3）出現K線與D線高位平行後的死亡交叉時，J線向下形成死亡交叉的斜率，往往與後市趨勢反轉的力度成正比，也就是向下的斜率越大，後市轉跌的速度越快。

（4）出現K線與D線高位平行後的死亡交叉時，投資者應在KDJ三線明顯向下發散，或是J線下行斜率大於60度時賣出，如圖4-11和圖4-12的M區域所示。

小提醒

K線與D線高位平行後的死亡交叉出現時，如果發生頂背離現象，投資者應等到背離現象結束，股價與指標恢復正常運行後，形成KDJ死亡交叉、三線向下發散形態時，再賣出持股。

4-3　高位的死亡交叉與三線向下發散，警示股價會下跌

J線大斜率向下的KDJ高位死亡交叉

J線大斜率向下的KDJ高位死亡交叉是指，KDJ三線運行到頭部高位區，並發生高位死亡交叉時，J線向下運行的斜率比較大。這往往代表股價即將快速轉跌，是頭部強勢反轉時的賣出訊號。

💲 形態特徵

（1）出現J線大斜率向下的KDJ高位死亡交叉之前，股價與KDJ指標必須經過一段明顯的上行，且KDJ三線位於50線以上的高位區。

（2）出現J線大斜率向下的KDJ高位死亡交叉時，J線往往以較大的斜率，由上向下與K線和D線形成死亡交叉。

💲 形態解讀

圖4-13（見130頁）是萬通地產的週線圖，股價在B段上漲時，KDJ三線在A段上行到高位區。J線在M區域衝高後快速回落，以很大的斜率與K線和D線形成死亡交叉，構成J線大斜率向下的KDJ高位死亡交叉。

圖4-14（見131頁）是國電南自的日線圖，股價在B段上漲時，KDJ三線在A段上行到頭部區域，然後K線和D線轉為平行，J線快速衝高後回落，在M區域以很大的斜率與K線和D線形成死亡交叉，構成J線大斜率向下的KDJ高位死亡交叉。

圖4-13　萬通地產（600246）週線圖

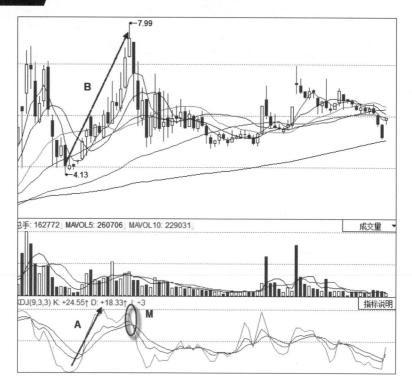

$ 實戰指南

（1）出現J線大斜率向下的KDJ高位死亡交叉之前，KDJ指標與股價往往會經過明顯的上漲走勢，並且KDJ三線已運行到頭部高位區，如圖4-13和圖4-14的A段走勢。

（2）出現J線大斜率向下的KDJ高位死亡交叉時，J線往往向上快速遠離K線和D線，呈現一段明顯的衝高走勢。

（3）出現J線大斜率向下的KDJ高位死亡交叉時，J線向下運行的斜率一定要很大，如圖4-13和圖4-14的M區域所示。

圖4-14　國電南自（600268）日線圖

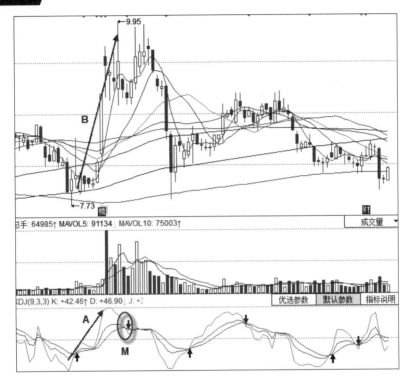

小提醒

線大斜率向下的KDJ高位死亡交叉出現J時，如果股價處於震盪行情中，此時的下跌往往只是股價從震盪高點向下回落，不應作為賣出的參考依據。

高位三線向下發散

高位三線向下發散是指，KDJ三線上行到頭部區域後，J線衝高再向下回落，與K線和D線形成死亡交叉，且三線向下發散。此形態是頭部反

圖4-15　華銀電力（600744）週線圖

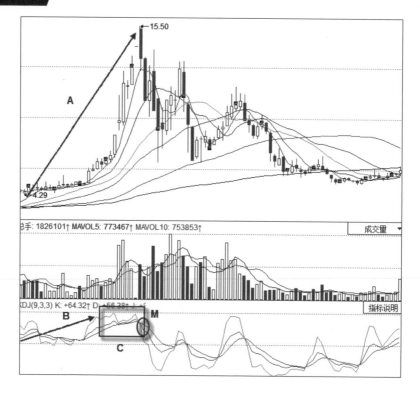

轉時的賣出訊號，當KDJ三線向下發散的程度越明顯，股價在後市轉跌的可能性越大。

💲 形態特徵

（1）高位三線向下發散出現之前，KDJ指標會經過一段明顯的上行走勢，且運行到頭部區域。

（2）高位三線向下發散出現之前，J線往往快速向上運行，與K線和D線明顯拉開距離。

（3）高位三線向下發散往往出現在KDJ死亡交叉形態之後。

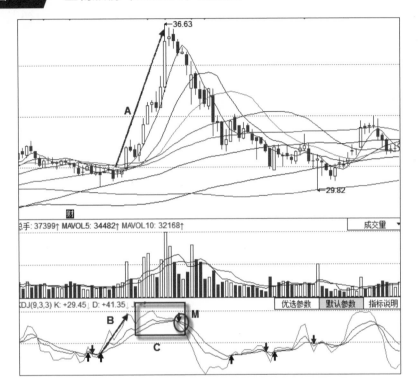

圖4-16　生物股份（600201）日線圖

💲 形態解讀

圖4-15是華銀電力的週線圖，在股價經歷A段的上漲，以及KDJ指標經歷B段的上行後，KDJ三線在C區域已運行到頭部高位區，並且J線加速向上，與K線和D線拉開距離，再快速轉向下行，在M區域形成死亡交叉，然後三線向下發散，構成高位三線向下發散形態。

圖4-16是生物股份的日線圖，當股價在A段上漲，KDJ三線在B段上行到達頭部高位區。進入C區域後，J線先向上與K線和D線拉開距離，再轉向下行，在M區域發生KDJ死亡交叉，然後三線向下發散，形成高位三線向下發散形態。

💲 實戰指南

（1）高位三線向下發散出現之前，股價和KDJ指標往往會經過一段明顯的上行，如圖4-15和圖4-16的A、B段走勢。

（2）高位三線向下發散出現之前，J線往往明顯快速上行，遠離K線和D線，如圖4-15和圖4-16的C區域所示。

（3）高位三線向下發散不論出現在哪一種週期的K線圖上，都是頭部反轉的賣出訊號。

小提醒

　　若高位三線向下發散出現在股價震盪行情中，往往代表震盪高點即將出現。如果此時股價的震盪幅度並不大，投資者不應當按照形態賣出持股。

4-4 怎麼察覺弱勢行情還會更弱？遇到這 2 種形態要快逃

50線附近的KDJ黃金交叉不叉

50線附近的KDJ黃金交叉不叉是指，KDJ三線在50線附近運行時，J線向上幾乎與K線和D線形成黃金交叉，但是未能完成交叉就轉頭向下運行。此形態代表趨勢轉強時突然轉弱，是弱勢轉弱的訊號，投資者應先賣出持股，持續觀察後再參與。

🅢 形態特徵

（1）出現50線附近的KDJ黃金交叉不叉之前，如果KDJ三線上行到高位，再回落到50線附近震盪，往往是股價繼續弱勢盤整的訊號。

（2）出現50線附近的KDJ黃金交叉不叉之前，如果KDJ三線由底部低位區上行，並停留在50線附近震盪，往往是股價突破未果，將繼續弱勢盤整的訊號。

（3）出現50線附近的KDJ黃金交叉不叉時，無論前期的KDJ三線如何運行，J線都必須向上靠近K線與D線，但是還沒形成黃金交叉，就轉向下行。

🅢 形態解讀

圖4-17（見136頁）是哈空調的日線圖，KDJ三線在A段突破50線並繼續上行，然後在B段出現回檔。運行到C區域時，KDJ三線回檔到50線附

圖4-17　哈空調（600202）日線圖

近，J線向上靠近K線與D線，但未能完成黃金交叉就轉向下行，形成50線附近的KDJ黃金交叉不叉。這說明股價修正還沒有結束，投資者應當持續觀望。

　　圖4-18是南紡股份的日線圖，KDJ三線在A段由高位回落的過程中，一直處於震盪走弱狀態，直到J線在B段觸底反彈。到達M區域後，三線向上接近50線，J線也向上靠近K線和D線，未能完成黃金交叉就轉向下行，形成50線附近的KDJ黃金交叉不叉形態。

　　這說明股價和KDJ指標還沒有真正觸底，股價將繼續弱勢震盪，就短線而言，投資者應先賣出持股、暫時回避。

🅢 實戰指南

　　（1）出現50線附近的KDJ黃金交叉不叉時，投資者應先區分當下的股價是處於上漲趨勢中的修正行情（如圖4-17），或是下跌趨勢中的回升

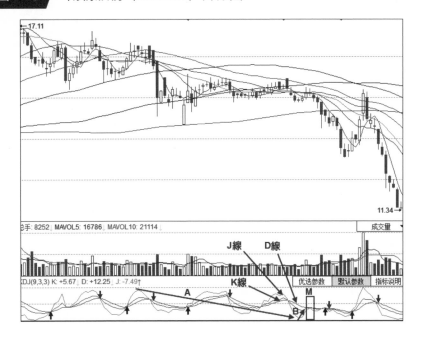

圖4-18　南紡股份（600250）日線圖

行情（如圖4-18），再決定因應對策。

（2）如果當下股價處於上漲趨勢中的修正行情，該形態往往代表修正尚未結束，就短線而言，投資者應回避進場，等到明顯的底部訊號（如黃金交叉）出現時再買進。但是，對於已持股者來說，此時修正已接近尾聲，應繼續持有並保持觀望，如圖4-17所示。

（3）如果當下股價處於下跌趨勢中的回升行情，該形態往往代表股價會繼續下跌。由於跌幅往往會超出預期，投資者應暫時回避不進場，等到股價觸底止穩、KDJ指標出現底部訊號時再買進，如圖4-18所示。

> **小提醒**
>
> 　　50線附近的KDJ黃金交叉不叉若出現在震盪行情中，且成交量處於相對低量，可信度將大幅降低，不具有參考價值。

圖4-19　　民生銀行（600016）日線圖

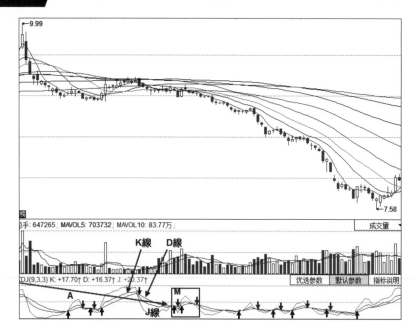

50線附近的接連死亡交叉

　　50線附近的接連死亡交叉是指，KDJ指標在50線附近接連形成死亡交叉。此形態若出現在股價下跌趨勢中，往往是弱勢轉弱的訊號，投資者應及時賣出。

形態特徵

　　（1）出現50線附近的接連死亡交叉時，股價必須處於下跌趨勢，才是弱勢轉弱的訊號。

　　（2）50線附近的接連死亡交叉必須出現在50線附近，可以在50線以上，也可以在50線以下。

　　（3）50線附近的接連死亡交叉出現時，必須連續形成至少2次死亡交叉，且相隔時間不能太長。

圖4-20　　華電國際（600027）日線圖

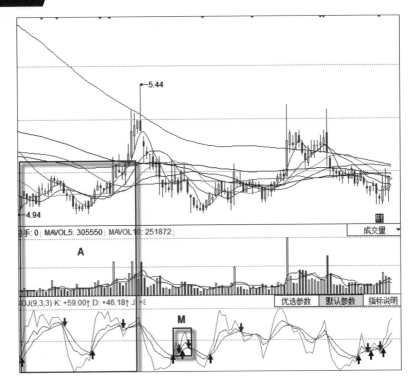

💲 形態解讀

圖4-19是民生銀行的日線圖，KDJ三線經過A段的下行之後，在M區域於50線的略為下方，相繼形成2次死亡交叉。這說明股價尚未止跌，投資者應回避，等到KDJ出現底部訊號時再買進。

圖4-20是華電國際的日線圖，股價和KDJ三線在A區域皆處於震盪行情，之後在M區域，三線在50線附近相繼形成2次死亡交叉。由於前期A區域為震盪行情，此時的死亡交叉不具參考價值。

💲 實戰指南

（1）50線附近的接連死亡交叉若出現在股價下跌趨勢中，往往是弱

勢轉弱的訊號，如圖4-19的A區域所示。投資者應在最後一個KDJ死亡交叉形成時賣出，如圖4-19的M區域末端。

（2）50線附近的KDJ死亡交叉接連發生時，2次的間隔時間不能太長，否則將失去參考意義。

（3）出現50線附近的接連死亡交叉時，如果股價處於震盪趨勢，該形態不具有參考意義，如圖4-20的A區域所示。

小提醒

50線附近的接連死亡交叉，若出現在股價上漲趨勢的修正行情中，往往代表股價在低位反覆震盪。此時投資者不僅不應該賣出，反而要在之後股價止穩時買進。

第 5 章

只看K線形態還不夠！
再用KDJ確定買賣點

經典的K線形態偶有失準，
但許多時候並非形態不夠準確，
而是沒有配合正確的KDJ指標訊號。
在觀察K線的同時，也要分析KDJ指標，
才能掌握K線形態的真實含義。

5-1 【買點】看到紅三兵等6種形態，用KDJ低位狀態做確認

KDJ指標 + 紅三兵

　　紅三兵形態是指，K線圖上連續出現3根大小相近的上升陽線。在此同時，若KDJ指標形成低位黃金交叉、三線向上發散形態，可進一步確認紅三兵的買進訊號成立。

⑤ 形態特徵

　　（1）紅三兵形態出現時，K線圖上必須有3根大小相近的陽線，而且後一根K線的實體在前一根的實體之上。

　　（2）出現在股價上漲初期的紅三兵形態，往往表示股價將加速上漲，此時KDJ三線通常會從底部低位區回升，形成低位黃金交叉、三線向上發散形態。

⑤ 形態解讀

　　圖5-1是華夏幸福的日線圖，KDJ指標的J線在前期A段觸底回升之後，K線在B區域出現3根大小相近的陽線，而且每一根陽線的實體都在前一根的實體之上，整體呈上升狀態，形成紅三兵形態。在此同時，M區域出現KDJ低位黃金交叉、三線向上發散形態，進一步確認紅三兵的買進訊號成立。

　　圖5-2（見144頁）是雪人股份的日線圖，KDJ指標的J線在A段觸底回

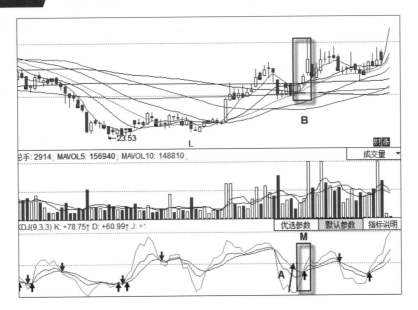

圖5-1　華夏幸福（600340）日線圖

升之後，K線在B區域連續出現3根陽線，但是實體大小差異較大，而且後一根陽線的實體沒有在前一根的實體之上，所以不構成紅三兵形態，投資者不能視其為股價加速上漲的買進訊號。

⑤ 實戰指南

（1）投資者必須確認K線的紅三兵形態已經成立，才能進一步判斷行情，如圖5-1的B區域所示。

（2）紅三兵形態出現時，投資者應在KDJ指標形成低位黃金交叉、三線向上發散形態時買進，如圖5-1的M區域所示。

（3）如果KDJ指標出現底部訊號，K線卻未符合紅三兵形態，不能認定之後的股價會加速上漲，如圖5-2的B區域所示。

圖5-2 雪人股份（002639）日線圖

小提醒

　　如果紅三兵形態出現在股價高位區，KDJ三線也處於50線以上的高位區，往往是股價即將結束上漲的訊號，投資者不應追漲買進。

KDJ指標＋V形底

　　V形底形態是指，股價經過一段明顯的下跌之後，K線圖上先出現一根陰線下跌，再接著一根陽線快速回升，形成像是英文字母V的形狀，稱為V形底。在此同時，若KDJ指標的J線也呈現V形觸底回升，可進一步確認V形底的趨勢反轉訊號成立。

圖5-3　法拉電子（600563）日線圖

⑤↑ 形態特徵

（1）V形底形態出現之前，股價往往經過一段明顯的下跌走勢。

（2）V形底形態出現時，K線應確實形成V字形的底部反轉形態。

（3）V形底形態出現時，KDJ指標的J線以V字形觸底回升，K線與D線走平之後轉向上行，形成KDJ黃金交叉、三線向上發散形態。

⑤↑ 形態解讀

圖5-3是法拉電子的日線圖，股價經過A段的下跌之後，在B區域先出現一根下跌陰線，接著是一根有長下影線的類十字星，最後以一根陽線回升，構成V形底。對應同期的KDJ指標，會發現J線在C區域向下觸底回升，同樣形成V字形。之後，KDJ指標在M區域形成黃金交叉、三線向上

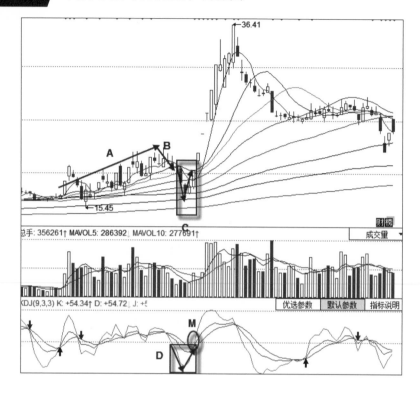

圖5-4　同力水泥（000885）日線圖

發散形態，進一步確認趨勢反轉的買進訊號。

　　圖5-4是同力水泥的日線圖，股價經過A段的上漲之後，在B段出現修正行情，然後在C區域形成先是陰線下跌、再以陽線上升的V形底形態。對應同期的KDJ指標，會發現J線在D區域快速觸底回升，同樣形成V字形。之後，M區域出現KDJ黃金交叉、三線向上發散形態，進一步確認趨勢反轉的買進訊號。

💲 實戰指南

　　（1）V形底形態出現之前，股價必須經過一段明顯的下跌走勢，如圖5-3的A段和圖5-4的B段走勢。

　　（2）V形底形態出現時，K線必須形成明顯的V字形，如圖5-3的B區

域和圖5-4的C區域所示。

（3）V形底形態出現時，投資者應在J線觸底回升後，出現KDJ黃金交叉、三線向上發散形態時買進，如圖5-3和圖5-4的M區域所示。

小提醒

V形底形態若出現在股價暴跌行情中，往往會在趨勢反轉時出現巨量成交量，而且J線會快速回升，這同樣是買進訊號。

KDJ指標 + 島形底

島形底形態是指，K線出現向下跌空走低的缺口，之後接著向上跳空開高的缺口，2個缺口形成彷彿孤島形狀的島形底。在此同時，若KDJ指標的K線與D線在低位平行震盪，並出現黃金交叉、三線向上發散形態，可進一步確認島形底的底部反轉訊號成立。

$ 形態特徵

（1）島形底形態出現之前，股價必須經過一段明顯的下跌走勢。

（2）島形底形態出現時，K線必須出現向下跳空的缺口，震盪後再出現向上跳空的缺口，且2個缺口的水平高度差不多。

（3）在島形底形成的過程中，J線必須明顯觸底回升，K線與D線在低位震盪後必須形成KDJ黃金交叉、三線向上發散形態。

$ 形態解讀

圖5-5（見148頁）是大慶華科的日線圖，股價經過A段的下跌之後，在B區域向下跳空開低，低位震盪後再向上跳空開高，留下2個高度差不多的缺口，形成島形底。對應同期的KDJ指標，會發現J線在C區域明顯觸底回升、K線與D線在低位平行震盪，接著在M區域出現黃金交叉、三線向上發散形態，進一步確認島形底的底部反轉訊號。

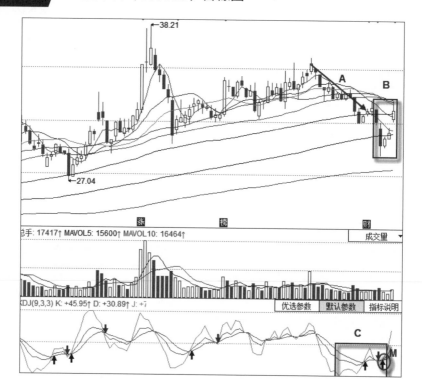

圖5-5　大慶華科（000985）日線圖

圖5-6是錢江摩托的日線圖，股價經過A段的下跌之後，在B區域向下跳空開低，低位震盪後又向上跳空開高，但是在D區域留下長長的下影線，未能形成缺口。儘管同一時間的J線在C區域觸底回升，K線與D線在震盪後形成黃金交叉、三線向上發散，依然不能判定島形底形態成立。

💲 實戰指南

（1）島形底形態出現時，J線會明顯觸底回升，K線與D線會經過一段平行震盪，如圖5-5的C區域所示。

（2）島形底形態出現時，最佳進場點是在KDJ指標形成黃金交叉、三線向上發散形態時，如圖5-5的M區域所示，投資者不可以過早買進。

圖5-6　錢江摩托（000913）日線圖

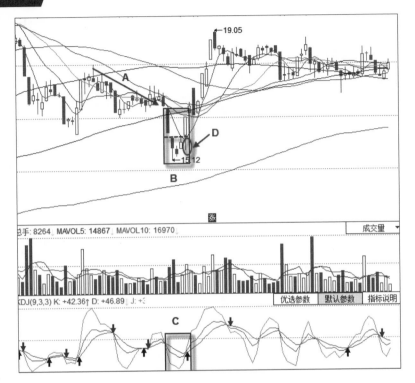

　　島形底形態若出現在股價長期下跌之後，往往是最後一次下跌的空頭陷阱，是大底的徵兆；若出現在股價上漲過程中的回檔，通常是強勢反轉的訊號。投資者應隨時觀察後市行情，判斷進場時機。

KDJ指標 + 曙光初現

　　曙光初現形態是指，股價在下跌過程中，先出現一根中形以上的陰線，次日接著一根開低走高的陽線，且收盤價位於前一根陰線實體的一半

圖5-7　中國動力（600482）日線圖

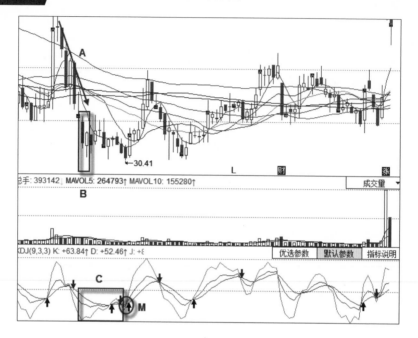

以上。在此同時，若KDJ指標出現明顯的觸底回升訊號，可進一步判定曙光初現形態成立，趨勢即將反轉。

(S) 形態特徵

（1）曙光初現形態出現時，K線圖上必須有2根一陰一陽的K線，而且第二根陽線的開盤價必須在第一根陰線之下，收盤價必須在陰線實體的一半以上。

（2）曙光初現形態出現之前，股價往往處於下跌趨勢。

（3）曙光初現形態出現時，KDJ指標的J線往往會觸底回升，並且在之後形成低位黃金交叉、三線向上發散形態。

(S) 形態解讀

圖5-7是中國動力的日線圖，股價經過A段的下跌之後，在B區域出現

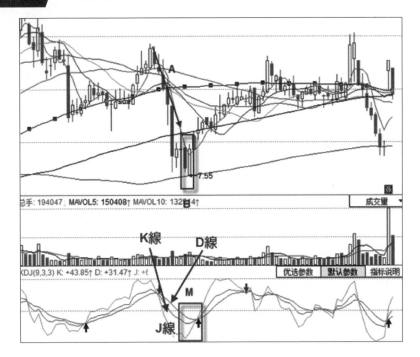

圖5-8　京能置業（600791）日線圖

2根一陰一陽的K線，而且陽線的開盤價在陰線的實體之下，收盤價達到陰線的一半以上。對應同期的KDJ指標，會發現J線在C區域觸底回升，K線與D線平行震盪後，在M區域形成低位黃金交叉、三線向上發散形態。綜合以上，投資者可以確認曙光初現形態成立，趨勢即將反轉。

　　圖5-8是京能置業的日線圖，股價經過A段的下跌之後，在B區域出現一根延續下跌趨勢的長陰線，隔日大幅開低再持續走高，最終收盤價幾乎與前一日的陰線實體一樣高。對應同期的KDJ指標，會發現J線在M區域明顯觸底回升，並形成黃金交叉、三線向上發散形態，進一步確認曙光初現形態成立。

⑤ 實戰指南

　　（1）曙光初現形態通常出現在股價下跌趨勢中，包括短線的下跌，

如圖5-7和圖5-8的A段走勢。

（2）曙光初現形態出現時，如果陽線的收盤價遠遠超過陰線實體的一半以上，而且KDJ黃金交叉發生在低位向上接近50線的位置，趨勢反轉的可能性更大，如圖5-8的M區域所示。

（3）曙光初現形態成立之後，投資者應在J線觸底回升，KDJ指標出現黃金交叉、三線向上發散形態時買進，如圖5-7與圖5-8的M區域所示。

> **小提醒**
>
> 曙光初現形態若出現在熊市，第二根陽線的最低價必須是13個交易日以內的最低價格，而且KDJ指標的J線必須發生低位鈍化現象。

KDJ指標 + 旭日東昇

旭日東昇形態是由2根一陰一陽的K線組成，是指股價在下跌趨勢中，先出現一根大陰線，再接著一根稍微開高的陽線，而且收盤價在前一根陰線的實體之上。當旭日東昇形態出現時，KDJ指標往往會發出明顯的底部訊號。

💲 形態特徵

（1）旭日東昇形態出現之前，股價往往經過一段明顯的下跌走勢。

（2）旭日東昇形態出現時，K線圖上必須有2根一陰一陽的K線，陽線不會創出新低，且收盤價必須在陰線的實體之上。

（3）旭日東昇形態出現時，J線往往會明顯觸底回升，並且在之後形成KDJ黃金交叉、三線向上發散形態。

💲 形態解讀

圖5-9是華電國際的日線圖，股價經過A段的下跌之後，在B區域先出現一根陰線，再接著一根陽線，並且陽線收高在陰線之上。對應M區域的

圖5-9　　華電國際（600027）日線圖

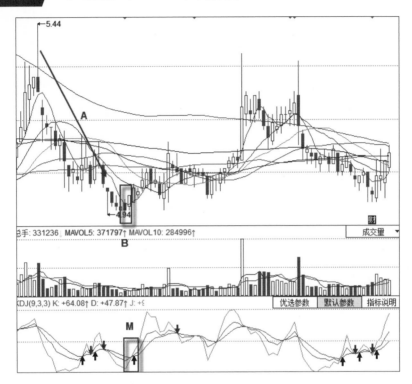

KDJ指標，會發現J線向下觸底後回升，並形成黃金交叉、三線向上發散形態，因此確認旭日東昇形態成立，趨勢即將反轉。

圖5-10（見154頁）是中國石化的日線圖，股價在C區域出現一陰一陽的2根K線，後面的陽線沒有上下影線，且位在陰線之上。這2根K線出現在A段的下跌之後、B段的回升之初，看似旭日東昇形態，但是KDJ三線已經運行到頭部高位區，因此不能確認旭日東昇形態成立。

⑤ 實戰指南

（1）旭日東昇形態出現時，投資者應在J線觸底回升後，出現KDJ黃金交叉、三線向上發散形態時買進，如圖5-9的M區域所示。

（2）旭日東昇形態出現時，第二根陽線不能創出新低，而且收盤價

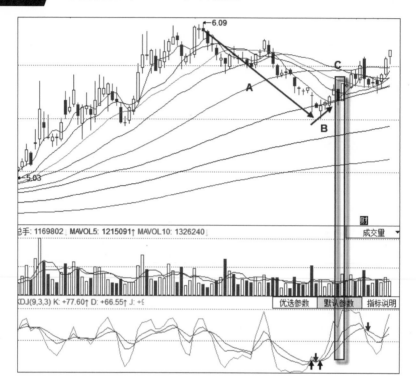

圖5-10　　中國石化（600028）日線圖

必須在第一根陰線之上，如圖5-9的B區域所示。

　　（3）如果K線圖滿足旭日東昇形態的要求，但同時期的KDJ指標沒有出現買進訊號，投資者不能買進，如圖5-10所示。

小提醒

　　出現旭日東昇形態時，如果第二根K線未能收在前一根陰線之上，或是僅僅與前一根陰線的高點持平，此時KDJ指標即使形成黃金交叉，之後往往也不會出現三線向上發散形態。這說明股價將持續低位震盪，最終反轉失敗。

KDJ 指標 ＋ 螞蟻上樹

　　螞蟻上樹形態是由至少 5 根實體較小、逐漸向上移動的陽線組成，通常伴隨很小的成交量。在此同時，若 KDJ 指標出現黃金交叉、三線向上發散形態，可進一步確認螞蟻上樹的買進訊號成立。

💲 形態特徵

　　（1）螞蟻上樹形態出現時，股價往往是在告別低位區後的初漲階段，此時短期均線已向上運行，中期均線處於走平或即將走平的狀態。

　　（2）螞蟻上樹形態必須包含至少 5 根緩慢上升的小陽線。

　　（3）螞蟻上樹形態出現時，KDJ 三線通常會向上接近 50 線，並形成黃金交叉、三線向上分散形態。

💲 形態解讀

　　圖 5-11（見 156 頁）是南方航空的日線圖，股價經過 A 段的初步上漲之後，在 C 區域的 5 個交易日中，接連出現 5 根緩慢向上的小陽線，而且這 5 日的成交量都不大。對應到 B 區域，KDJ 指標在 50 線附近形成黃金交叉、三線向上分散形態，因此確認螞蟻上樹形態成立。

　　圖 5-12（見 157 頁）是長城汽車的日線圖，KDJ 三線在 A 區域圍繞 50 線震盪之後，在 B 區域形成黃金交叉、三線向上發散形態，此時的成交量較小，而且短期均線向上、中期均線走平。

　　然而，K 線圖上只出現 4 根小陽線，中間夾雜著 1 根小陰線。雖然這 5 根 K 線逐漸上行，卻是在上升的尾聲，而且 J 線已經上行至頭部區域，因此不能確認螞蟻上樹形態成立。

💲 實戰指南

　　（1）螞蟻上樹形態出現時，股價往往處於初步上漲階段，也就是 KDJ 指標觸底回升後、圍繞 50 線震盪盤整的時期。

　　（2）螞蟻上樹形態出現時，K 線圖上必須出現 5 根接連上升的小陽線，不能夾雜小陰線或陰十字星，且要伴隨較小的成交量，如圖 5-11 的 A

圖5-11 南方航空（600029）日線圖

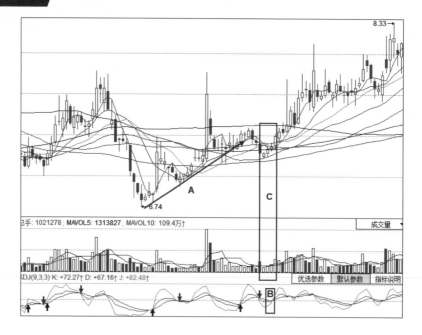

區域所示。

（3）螞蟻上樹形態出現時，投資者應在KDJ指標形成黃金交叉、三線向上發散形態時買進，如圖5-11的B區域所示。

小提醒

　　螞蟻上樹形態若出現在股價高位區，KDJ指標也會位於頭部高位區，而且成交量往往比較大，因此不能視其為股價加速上漲的買進訊號。

圖5-12　長城汽車（601633）日線圖

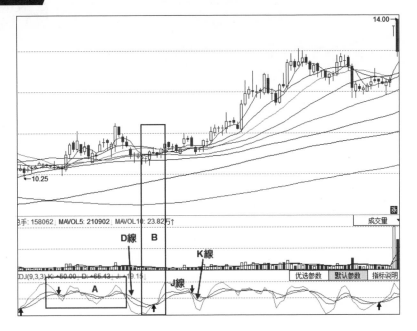

5-2 【賣點】發現島形頂、三隻烏鴉⋯⋯要檢查KDJ高位狀態

KDJ指標 ＋ 倒V頂

倒V頂形態是指，K線在上漲趨勢中先以陽線快速上漲，再出現陰線下跌，形成像是倒寫的英文字母V的形狀。在此同時，一旦KDJ指標的J線發生高位鈍化後轉向下行，形成KDJ高位死亡交叉、三線向下發散形態，可進一步確認倒V頂的賣出訊號成立。

⑤ 形態特徵

（1）倒V頂形態出現之前，股價往往會經過一段明顯的上漲走勢。

（2）倒V頂形態出現時，股價必須先快速上漲，然後快速下跌，形成一個倒寫的V字形。

（3）倒V頂形態出現時，如果股價的主要趨勢發生反轉，J線往往會出現高位鈍化或向下快速回落，接著再形成KDJ死亡交叉、三線向下發散形態。

⑤ 形態解讀

圖5-13是明泰鋁業的日線圖，股價經過A段的上漲之後，在B區域先是接連向上，然後快速下行，形成一個倒寫的V字形。對應M區域的KDJ指標，會發現J線高位鈍化後向下形成死亡交叉、三線向下發散形態，因此確認倒V頂形態成立，趨勢即將反轉。

圖5-13　明泰鋁業（601677）日線圖

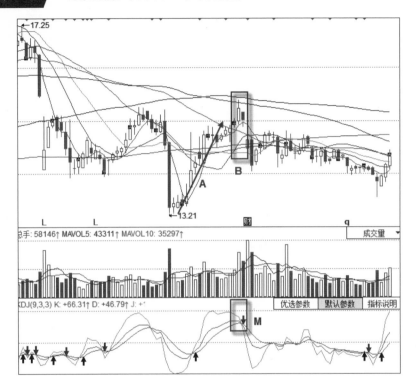

圖5-14（見160頁）是濱化股份的日線圖，股價經過A段的快速上漲之後，在C區域先出現接連上漲的陽線，再接著幾根下跌的陰線，形成倒V頂形態。

然而，KDJ指標在前期的B區域發生頂背離現象，背離區域與倒V頂的左側重疊，且伴隨J線快速衝高後回落。頂背離在M區域結束時，KDJ指標先出現死亡交叉，再出現黃金交叉不叉、三線向下發散形態，此時投資者應果斷賣出持股。

💲 實戰指南

（1）倒V頂形態出現時，投資者應在KDJ高位死亡交叉、三線向下發散時賣出，如圖5-13的M區域所示。

圖5-14   濱化股份（601678）日線圖

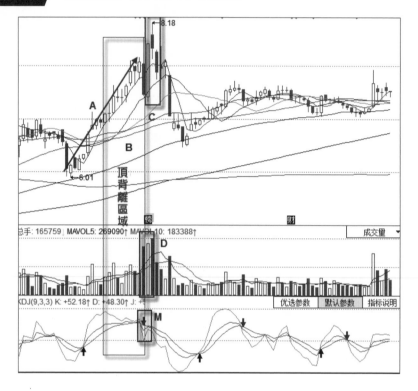

（2）倒V頂形態出現時，如果發生頂背離現象，投資者應等到頂背離結束後，KDJ指標出現頭部反轉形態時，例如：死亡交叉、黃金交叉不叉，再賣股離場。

（3）倒V頂形態出現時，如果成交量呈現放大的陰量，只要KDJ指標一出現頭部反轉形態，例如：死亡交叉、三線向下發散，就要立刻賣股離場，如圖5-14的D區域與M區域所示。

（4）倒V頂形態出現之前，J線通常會發生高位鈍化現象，如圖5-13和圖5-14所示。

> **小提醒**
>
> 　　倒 V 頂形態若出現在震盪行情中，而且成交量不大、KDJ 指標在 50 線附近形成死亡交叉形態，往往只是震盪高點回落的徵兆，不具有參考價值。

KDJ 指標 + 島形頂

　　島形頂形態是指，股價在上漲趨勢中突然向上開高，留下一個跳空缺口，之後又出現一個向下的跳空缺口，這 2 個缺口的水平高度一致，形成彷彿孤島形狀的島形頂。在此同時，若 KDJ 指標的 J 線在高位震盪之後，以大斜率向下形成死亡交叉、三線向下發散形態，可進一步確認島形頂的頭部反轉訊號成立。

💲 形態特徵

　　（1）島形頂形態出現之前，股價通常會經過一段明顯的上漲走勢。

　　（2）島形頂形態出現時，K 線圖上會先出現一個向上跳空的缺口，待股價震盪數日後，再出現一個向下跳空的缺口，2 個缺口會位在相同的水平高度。

　　（3）島形頂形態出現時，J 線往往會在高位震盪走高，然後以大斜率回落，形成死亡交叉、三線向下發散形態。

💲 形態解讀

　　圖 5-15（見 162 頁）是潞安環能的日線圖，股價經過 A 段的上漲之後，在 B 區域先向上跳空開高，接著連續震盪 4 天，最後向下跳空開低，形成 2 個水平高度相近的缺口，也就是島形頂形態。

　　同一時間，KDJ 指標在 M 區域先是上行，再轉向下行（其中 J 線的下行斜率較大），形成 KDJ 死亡交叉、三線向下發散形態，進一步確認島形頂的股價反轉訊號。

圖5-15　潞安環能（601699）日線圖

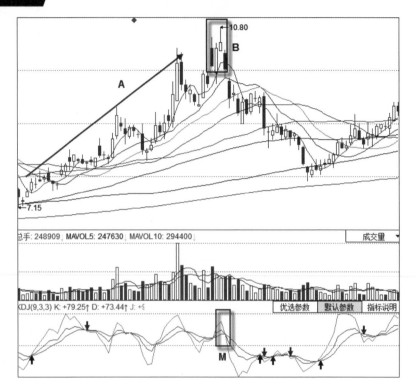

　　圖5-16是中國中車的日線圖，股價經過A段的上漲之後，在C區域和D區域分別形成2個缺口，一個缺口向上、一個缺口向下，中間夾著B區域的高位震盪。

　　對應M區域的KDJ指標，會發現J線發生高位鈍化，然後向下形成死亡交叉、三線向下發散形態。雖然KDJ指標發出賣出訊號，但是K線圖上C區域和D區域的2個缺口不在同一水平高度，投資者不能視其為島形頂形態。

⑤ 實戰指南

　　（1）島形頂形態出現時，K線圖上必須出現2個缺口，一個向上、一個向下，且在同一水平高度，如圖5-15的B區域所示。若2個缺口不在同一水平高度，則不能判定島形頂形態成立，如圖5-16所示。

圖5-16　中國中車（601766）日線圖

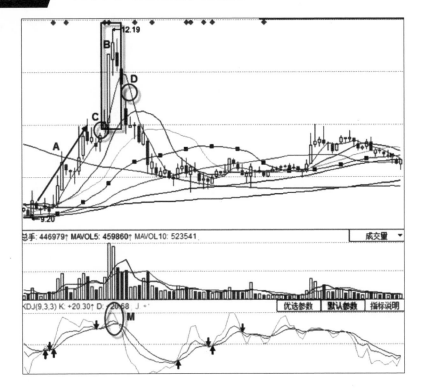

（2）島形頂形態出現時，KDJ指標的J線必須先向上震盪，再向下與K線和D線形成死亡交叉、三線向下發散形態，如圖5-15所示，投資者應在此時賣出持股。

小提醒

　　出現島形頂形態時，如果KDJ三線位於50線附近，頭部特徵不夠明顯，往往只是股價震盪過程中的單次衝高，不能視其為趨勢即將反轉的訊號。

KDJ指標 + 三隻烏鴉

三隻烏鴉形態是指，股價在上漲趨勢的修正過程中，出現3根連續向下的陰線，而且後一根陰線的低點會低於前一根陰線的低點。在此期間，一旦KDJ指標的J線以大斜率向下，形成高位死亡交叉、三線向下發散形態，可進一步確認三隻烏鴉的賣出訊號成立，股價即將快速轉跌。

⑤⬆ 形態特徵

（1）三隻烏鴉形態出現之前，股價往往經過明顯的上漲走勢。

（2）三隻烏鴉形態出現時，K線圖上必須出現3根接連向下的陰線，且每根陰線的實體必須在前一根陰線的實體之下。

（3）三隻烏鴉形態出現時，J線通常會在高位鈍化後向下運行，與K線和D線形成死亡交叉、三線向下發散，或是J線以大斜率向下形成死亡交叉等形態。

⑤⬆ 形態解讀

圖5-17是啟明信息的日線圖，股價經過A段的上漲之後，在B區域出現3根連續向下的陰線，且每根陰線的實體均在前一根的實體之下。對應M區域的KDJ指標，J線發生高位鈍化，再以較大的斜率轉向下行。在此同時，成交量在C區域呈現放大的陰量，是股價快速下跌的徵兆。

圖5-18（見166頁）是衛士通的日線圖，股價經過A段的下跌之後，在B段稍作反彈，然後在C區域出現3根依次向下的陰線，每一根的實體皆在前一根的實體之下。

對應E區域的KDJ指標，會發現J線出現高位鈍化，然後向下與K線和D線形成死亡交叉、三線向下發散形態，在此同時，成交量在D區域相對放大。然而，由於圖5-18的三隻烏鴉形態出現在股價長期下跌後的小幅反彈期間，因此不能確認為頭部反轉的訊號。

⑤⬆ 實戰指南

（1）三隻烏鴉形態必須出現在明顯的股價上漲趨勢中，才能被確認

圖5-17　啟明信息（002232）日線圖

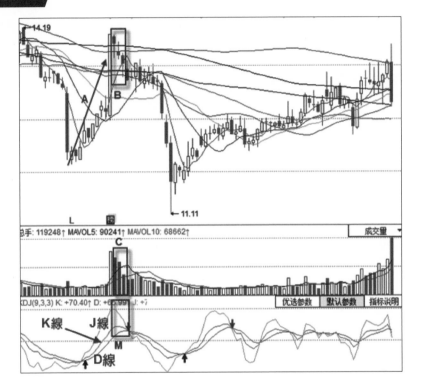

為頭部反轉的訊號，如圖5-17所示。前期的股價漲幅越大，後市反轉的可能性越大。

（2）在形成三隻烏鴉形態的期間，若成交量出現巨量放大的陰量，投資者應在第一根陰線出現後，也就是J線由高位鈍化快速轉向下行時賣出，如圖5-17的C區域與M區域的初期所示。

（3）三隻烏鴉形態若出現在股價長期下跌後的小幅反彈中，不能視為頭部反轉的訊號，如圖5-18所示。

（4）三隻烏鴉形態出現時，投資者應在KDJ指標形成死亡交叉、三線向下發散形態時賣出，如圖5-17的M區域所示。但是，如果股價的前期漲幅過大，而且在形態成立期間出現巨量放大的陰量，投資者應在J線由高位鈍化轉向下行時賣出。

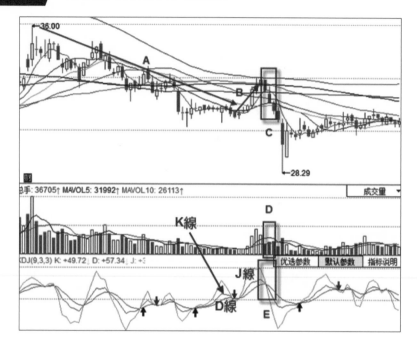

圖5-18　衛士通（002268）日線圖

小提醒

　　三隻烏鴉形態如果出現在股價寬幅震盪中，往往是波段高點形成的
訊號，如果出現在股價窄幅震盪中，則沒有任何參考價值。

KDJ指標 + 傾盆大雨

　　傾盆大雨形態由2根K線組成，是指股價在上漲過程中，先出現一根
上漲的陽線，再接著一根開低走低並收低的陰線，而且陰線的實體遠在陽
線的實體之下。在此同時，KDJ指標往往會出現明顯的頭部反轉形態，因
此傾盆大雨形態是強烈的賣出訊號。

⑤↑ 形態特徵

（1）傾盆大雨形態通常出現在股價長期上漲時，或是反彈過程的高位震盪中。

（2）傾盆大雨形態出現時，必須確認第一根 K 線是加速上漲的陽線，第二根 K 線是開低走低並收低的中陰線或長陰線，而且實體會在陽線的實體之下。

（3）傾盆大雨形態出現時，KDJ 指標可能會形成 J 線以大斜率從高位回落，或是在 50 線附近的黃金交叉不叉等弱勢轉弱形態。

⑤↑ 形態解讀

圖 5-19（見 168 頁）是易事特的日線圖，股價經過 A 段的大幅上漲之後，在 B 區域先出現一根加速上漲的陽線，接著是一根開低走低並收低的中陰線，形成傾盆大雨形態。對應同期的 KDJ 指標，三線在 M2 區域形成黃金交叉不叉，同時成交量出現巨量放大的陰量，因此確認為頭部反轉的賣出訊號。

圖 5-20（見 169 頁）是藍曉科技的日線圖，股價經過 A 段的大幅上漲之後，出現 C 段的回檔以及 D 段的高點反彈，然後在 B 區域先出現一根上漲陽線，接著是一根開低走低並大幅收低的長陰線，形成傾盆大雨形態。對應 M2 區域的 KDJ 指標，三線在 50 線附近形成黃金交叉不叉形態，同時成交量出現格外放大的陰量，因此確認為頭部反轉的訊號。

⑤↑ 實戰指南

（1）傾盆大雨形態通常會伴隨巨大的成交量陰量，這往往是判斷趨勢反轉的重要依據之一。

（2）傾盆大雨形態經常出現在股價上漲過程中的次高點，而且通常已錯過 KDJ 指標頭部高位區的最佳賣出點。

（3）最佳賣點是在傾盆大雨形態成立之前，KDJ 指標出現高位死亡交叉、三線向下發散時，如圖 5-19 和圖 5-20 的 M1 區域所示。如果前期未出現高位死亡交叉、三線向下發散，則應在傾盆大雨形態成立後，KDJ 指標

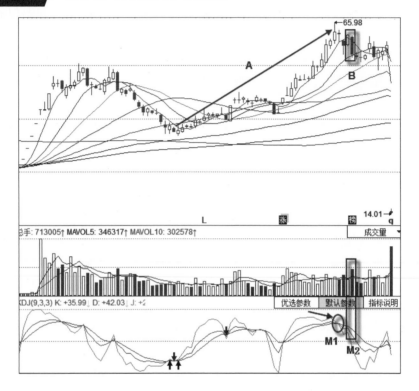

圖5-19　易事特（300376）日線圖

出現死亡交叉、三線向下發散，或是黃金交叉不叉時賣股離場，如圖5-19
和圖5-20的M2區域所示。

（4）出現傾盆大雨形態時，J線向下的斜率越大，之後股價快速轉勢
的機率也越大。

小提醒

　　傾盆大雨形態若出現在股價下跌趨勢的反彈行情中，通常是股價反
彈結束、再次轉跌的訊號，此時KDJ指標往往出現高位死亡交叉、三線
向下發散形態。

圖5-20　藍曉科技（300487）日線圖

KDJ指標 + 烏雲蓋頂

　　烏雲蓋頂形態由2根K線組成，一根是上漲陽線，另一根是衝高後回落的中陰線或長陰線，在此同時，KDJ指標的J線往往會在高位鈍化後，回落形成死亡交叉形態。烏雲蓋頂往往來得很突然，可說是比傾盆大雨更強勢的快速反轉訊號。

形態特徵

　　（1）烏雲蓋頂形態通常出現在股價快速上漲階段。

　　（2）烏雲蓋頂形態出現時，往往先有一根加速上漲的陽線，再接著一根衝高後回落的中陰線或長陰線，而且伴隨成交量格外放大。

圖5-21　維格娜絲（603518）日線圖

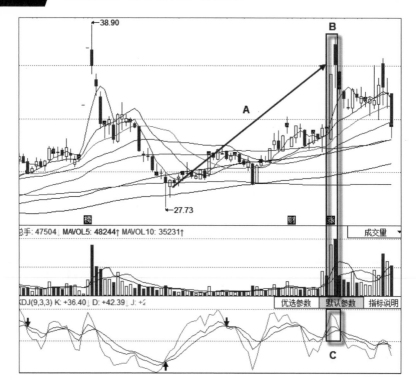

（3）烏雲蓋頂形態出現時，KDJ指標通常呈現J線高位鈍化後，回落形成死亡交叉的頭部反轉形態。

💲 形態解讀

　　圖5-21是維格娜絲的日線圖，股價經過A段的上漲之後，在B區域先出現一根長陽線，然後大幅開高走高，隨即又大幅回落，最後收於一根陰線，而且伴隨成交量放大。對應C區域的KDJ指標，會發現J線短暫上衝後快速回落，並與K線和D線形成死亡交叉，進一步確認烏雲蓋頂的頭部反轉訊號。

　　圖5-22是永和智控的日線圖，股價經過A段的上漲後，在B區域先出現一根放量長陽線，接著是一根走高的放量陰線。對應C區域的KDJ指

圖5-22　永和智控（002795）日線圖

標，會發現J線出現高位鈍化後快速下行，三線形成KDJ死亡交叉，進一步確認烏雲蓋頂的頭部反轉訊號。

💲 實戰指南

（1）烏雲蓋頂形態出現之前，股價必須經過一段明顯的快速上漲，如圖5-21和圖5-22的A段所示。

（2）烏雲蓋頂形態出現時，陰線應向上超過陽線的最高點，如圖5-21和圖5-22的B區域所示。

（3）烏雲蓋頂形態出現時，KDJ指標會形成明顯的頭部反轉形態，如圖5-21和圖5-22的C區域所示。

（4）烏雲蓋頂形態出現時，投資者應在J線從高位以大斜率回落，與

K線和D線形成死亡交叉時賣出持股，如圖5-21的C區域所示。但是，如果J線向下的斜率過大，幾乎形成垂直線，或是成交量放出格外巨大的陰量，投資者可以在烏雲蓋頂的第二根陰線成立當日，在J線以大斜率回落時賣出。

小提醒

　　出現烏雲蓋頂形態時，如果發生頂背離現象，投資者應在頂背離結束後，立刻賣股離場。

5-3 出現 4 種震盪整理形態，觀察 KDJ 方向再決定如何操作

KDJ 指標 ＋ 箱型整理

箱型整理形態是指，股價維持在一定的幅度內上下震盪，而且每次向上都無法有效突破前期高點，向下也無法有效跌破前期低點，在此同時，KDJ 指標會表現為三線上下震盪。此形態往往代表後市的趨勢不明朗，投資者應等到箱型整理結束後，透過 KDJ 指標的方向變化，來決定要買進或賣出。

⑤ 形態特徵

（1）箱型整理形態出現時，股價表現為上有壓力、下有支撐，KDJ 指標表現為三線黏合震盪，或是 K 線與 D 線圍繞 50 線附近震盪、J 線上下寬幅震盪。

（2）箱型整理形態結束時，如果後市股價向上突破，KDJ 指標會出現黃金交叉、三線向上發散等買進訊號。

（3）箱型整理形態結束時，如果後市股價向下突破，KDJ 指標會出現死亡交叉、三線向下發散等賣出訊號。

⑤ 形態解讀

1. 箱型整理形態結束時，股價向上突破

圖 5-23（見 174 頁）是世嘉科技的日線圖，股價在觸底震盪中，在 A 區

圖5-23　世嘉科技（002796）日線圖

域出現上有壓力、下有支撐的情況，形成箱型震盪。對應B區域的KDJ指標，三線在50線附近黏合平行震盪。當箱型整理形態結束時，M區域出現KDJ黃金交叉、三線向上發散形態。

2. 箱型整理形態結束時，股價向下突破

　　圖5-24是環球印務的日線圖，股價在下跌過程中，在A區域出現上有壓力、下有支撐的情況，在箱型內震盪盤整。對應B區域的KDJ指標，會發現三線圍繞50線附近黏合震盪，並在C區域形成KDJ死亡交叉。當箱型整理形態結束時，KDJ三線在M區域同時向下發散。

⑤ 實戰指南

　　（1）箱型整理形態出現時，投資者無法根據前期趨勢研判後市股價

圖5-24　環球印務（002799）日線圖

的走向，只能透過震盪結束時KDJ指標的表現來判斷：如果後市股價向上突破，KDJ指標會發出買進訊號，如圖5-23的M區域；如果後市股價向下突破，KDJ指標會發出賣出訊號，如圖5-24的M區域。

（2）出現箱型整理形態之後，投資者應在股價向上突破，並出現KDJ黃金交叉、三線向上發散形態時進場買股，如圖5-23的M區域所示。另一方面，投資者應在股價向下突破，並出現KDJ死亡交叉、三線發散向下形態時賣股離場，如圖5-24的M區域所示。

> **小提醒**
>
> 　　箱型整理形態結束時，若出現KDJ黃金交叉、三線向上發散等買進
> 訊號，但股價很快又跌回箱型之內，或是出現KDJ死亡交叉、三線向下
> 發散等賣出訊號，但股價很快又升回箱型之內，這2種情況往往代表股價
> 仍處於震盪行情，只不過箱型震盪的幅度變大而已。此時，投資者應根
> 據更長週期的K線圖，把握股價走勢。

KDJ指標 + 旗型整理

　　旗型整理形態是指，股價突然中斷前期的單邊上漲或下跌，進入震盪
盤整階段，此時將震盪的高點、低點分別連成線，會得出一個像是旗子的
形狀。

　　這是中繼盤整的形態，在股價盤整結束後，KDJ指標往往會出現與前
期趨勢相符的買進或賣出訊號。因此，投資者應根據前期股價的趨勢，來
決定買進或賣出。

⑤ 形態特徵

　　（1）旗型整理形態出現時，股價會反覆上下盤整。

　　（2）旗型整理形態若出現在股價上漲趨勢中，稱為上升旗型。盤整
結束後，KDJ指標會發出黃金交叉、三線向上發散，或是死亡交叉不死等
買進訊號。

　　（3）旗型整理形態若出現在股價下跌趨勢中，稱為下降旗型。盤整
結束後，KDJ指標會發出死亡交叉、三線向下發散，或是黃金交叉不叉等
賣出訊號。

⑤ 形態解讀

1. 上升旗型

　　圖5-25是銀龍股份的日線圖，股價經過A段的上漲之後，出現鋸齒式

圖5-25　　銀龍股份（603969）日線圖

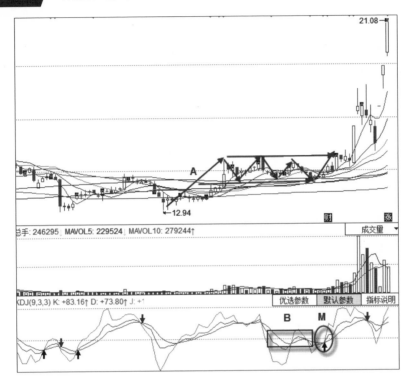

的上下盤整，若將震盪的高點、低點分別連成線，會形成旗子的形狀。

　　對應同期的KDJ指標，會發現K線與D線在B區域回落到50線附近震盪，並在旗型末端對應的M區域，形成KDJ黃金交叉、三線向上發散形態，這說明股價盤整即將結束，投資者應及時買進。

2. 下降旗型

　　圖5-26（見178頁）是*ST坊展的日線圖，股價經過A段的下跌之後，進入鋸齒式上下盤整的階段，若將震盪的高點、低點分別連成線，也會形成小旗子的形狀（如B區域）。

　　同一時間，KDJ三線在M區域衝高之後，K線與D線圍繞50線附近震盪，J線在旗型的末端出現一波快速上行，再以大斜率向下，與K線和D線形成死亡交叉、三線向下發散形態。這說明旗型整理已結束，後市股價將

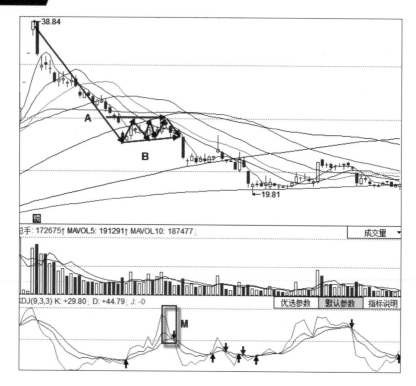

圖5-26　*ST坊展（600149）日線圖

繼續下跌，投資者應及時賣出持股。

⑤ 實戰指南

（1）旗型整理形態出現時，應先區分前期股價的趨勢，才能辨別該形態是上升旗型或下降旗型。

（2）旗型整理形態出現時，若是上升旗型，投資者應在旗型末端出現KDJ黃金交叉、三線向上發散時買進，如圖5-25的M區域所示；如果是下降旗型，投資者應在旗型末端出現KDJ死亡交叉、三線向下發散時賣出，如圖5-26的M區域所示。

（3）投資者不一定要等到旗型完全形成後，才決定要買進或賣出，而要根據同一時期的KDJ形態變化來判斷。

（4）旗型整理形態出現時，K線和D線往往會出現短暫的平行震盪，方向可能略為向下，或略為向上。

小提醒

出現旗型整理形態時，發生趨勢轉變的情況極少，即使上升旗型結束後股價趨勢轉為下行，或是下降旗型結束後股價趨勢轉為上行，KDJ指標都會發出相應的買進或賣出訊號。因此，投資者應以KDJ指標作為實際操作的主要參考。

KDJ指標 ＋ 串陰串陽

串陰串陽形態事實上是2種不同的形態，也就是串陰與串陽。串陰是指股價經過底部上漲後，突然出現至少5天逐漸下降的小陰線，而且成交量逐漸縮小。串陽是指股價告別低位區後，在弱勢震盪時出現至少5天逐漸上移的小陽線，而且成交量呈現小陽量。

無論是串陰或串陽，同一時期的KDJ指標都表現為K線和D線黏合平行震盪，J線會在串陰串陽形態結束時，與K線和D線形成黃金交叉、三線向上發散，或是死亡交叉不死等形態。因此，串陰串陽是一種股價弱勢盤整後的買進訊號。

⑤↕ 形態特徵

（1）串陽形態出現時，K線圖上必須有至少連續5天逐漸向上的小陽線，成交量必須呈現小陽量。串陰形態出現時，K線圖上必須有至少連續5天逐漸向下的小陰線，成交量必須呈現縮量。

（2）串陰串陽形態出現的時間，總是在股價脫離底部區域後的小幅上漲階段。只不過串陰形態出現時，股價的漲幅有可能稍具規模。

（3）串陰串陽形態出現時，K線與D線往往呈現黏合震盪，J線則是以略大的幅度上下震盪。

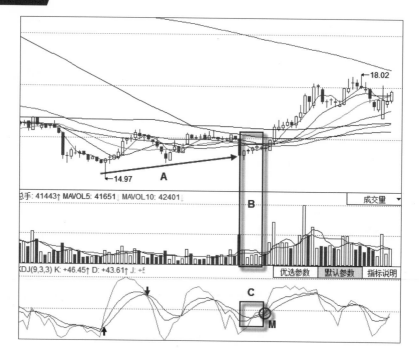

圖5-27　黃山旅遊（600054）日線圖

$ 形態解讀

1. 串陽形態

　　圖5-27是黃山旅遊的日線圖，股價經過A段的震盪後告別底部，在B區域出現連續5根緩慢上升的小陽線，且成交量呈現縮小的陽量，形成串陽形態。對應C區域的KDJ指標，會發現K線與D線在50線附近震盪。串陽形態結束後，M區域出現KDJ死亡交叉不叉形態，投資者應及時買進。

2. 串陰形態

　　圖5-28是三一重工的日線圖，當股價告別底部，在A段出現稍具規模的上漲之後，在B區域出現連續5根逐漸下行的小陰線，且成交量呈現縮量。對應M區域的KDJ指標，會發現K線與D線黏合震盪，J線的震盪幅度略大，然後出現KDJ黃金交叉、三線向上發散形態，說明股價修正即將結束，投資者應及時買進。

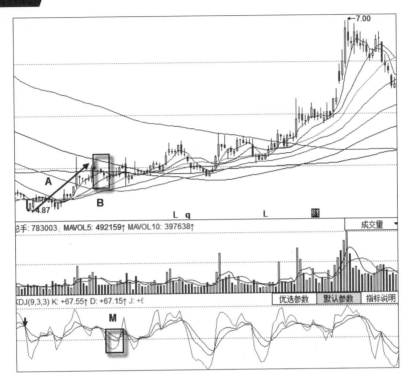

圖5-28　三一重工（600031）日線圖

💲 實戰指南

（1）串陽形態出現時，成交量往往呈現小陽量，如圖5-27的B區域所示。串陰形態出現時，成交量往往呈現逐漸縮減的陰量，如圖5-28中B區域對應的成交量所示。

（2）串陰形態出現時，K線的重心會逐漸下移，但下移的幅度通常不會太大。

（3）串陽形態出現時，K線的重心會逐步上移，但上移的幅度也不會太大。

（4）串陰串陽形態出現之後，投資者應在KDJ指標形成黃金交叉、三線向上發散，或是死亡交叉不叉形態時買進，如圖5-27和圖5-28的M區域所示。

小提醒

　　出現串陰串陽形態時，如果K線的上影線過長，或是成交量相較於近期來説偏高，投資者不應以串陰串陽形態操作，而應根據KDJ指標的買進或賣出訊號判斷行情。

第 6 章

結合 MACD 駕馭波段
行情，不論多空都能賺

每種技術指標都有缺點，KDJ 指標也不例外。
因此，投資者在了解 KDJ 指標的同時，
如果能學習使用 MACD 指標，
就可以取其長、避己短，
更準確地把握買點和賣點。

6-1 【買點】除了DIFF低位鈍化＋KDJ低位震盪，還有3種形態

DIFF低位鈍化＋KDJ低位震盪

DIFF低位鈍化＋KDJ低位震盪是指，當MACD指標的DIFF線在區間下沿平行運行，KDJ指標的K線與D線在低位平行震盪，J線以略大的幅度震盪，並形成黃金交叉、三線向上發散等形態。由於KDJ指標的走勢往往領先其他技術指標，所以在這個組合形態中，MACD指標只是確認底部，KDJ指標卻已經發出逢低買進的訊號。

⑤ 形態特徵

（1）出現DIFF低位鈍化＋KDJ低位震盪時，MACD指標必須向下運行，並發生DIFF線在區間下沿平行運行的鈍化現象。

（2）出現DIFF低位鈍化＋KDJ低位震盪時，在DIFF線低位鈍化的期間，K線和D線往往呈現平行震盪。

（3）在DIFF低位鈍化＋KDJ低位震盪之前，KDJ指標通常會明顯觸底。在DIFF線低位鈍化的末端，KDJ指標通常會出現低位黃金交叉、三線向上發散等買進訊號。

⑤ 形態解讀

圖6-1是保變電氣的日線圖，MACD指標的DIFF線在A區域運行到底部，並在區間下沿平行運行，形成DIFF線的低位鈍化現象。對應到圖6-2

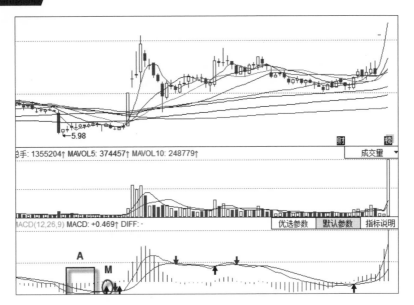

圖6-1　保變電氣（600550）日線圖──MACD指標

（見186頁）的KDJ指標，會發現在DIFF線低位鈍化之前，J線已經在A區域觸底震盪，在DIFF線低位鈍化期間，K線與D線在B區域走平震盪，並在M區域形成黃金交叉、三線向上發散形態。

綜合上述情況，可以確認MACD指標已形成DIFF低位鈍化，KDJ指標出現低位震盪的趨勢反轉訊號，投資者可以放心買進。

⑤ 實戰指南

（1）在DIFF線發生低位鈍化之前，KDJ指標的J線會提前發生觸底，如圖6-2的A區域所示。

（2）在DIFF低位鈍化＋KDJ低位震盪中，MACD指標呈現觸底時，KDJ指標已經提示買點，可見MACD指標往往落後於KDJ指標。

（3）出現DIFF低位鈍化＋KDJ低位震盪時，投資者應在DIFF線發生低位鈍化期間，KDJ指標形成低位黃金交叉、三線向上發散形態時買進，如圖6-2的M區域所示。

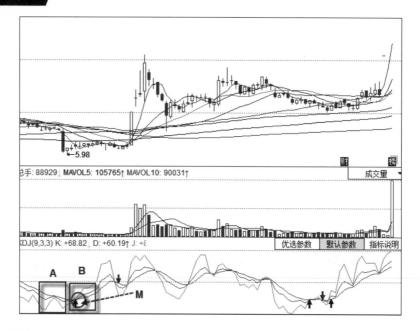

圖6-2 保變電氣日線圖——KDJ指標

小提醒

　　出現DIFF低位鈍化＋KDJ低位震盪時，若KDJ指標的J線發生低位鈍化，投資者應在KDJ指標出現底部反轉形態時再買進。

MACD 0軸附近震盪＋KDJ低位黃金交叉

　　MACD 0軸附近震盪＋KDJ低位黃金交叉是指，當MACD指標的DIFF線和DEA線圍繞0軸震盪，KDJ指標在50線以下出現低位黃金交叉。這個組合形態說明股價弱勢震盪即將結束，是買進訊號。

💲 形態特徵

　　（1）出現MACD 0軸附近震盪＋KDJ低位黃金交叉時，MACD指標

圖6-3　創業環保（600874）日線圖──MACD指標

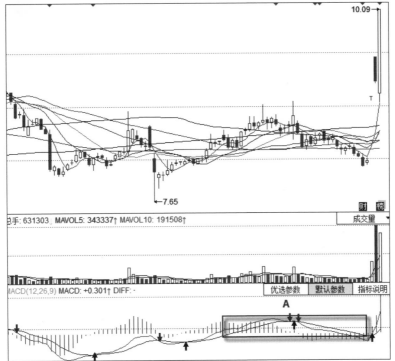

　　的DIFF線和DEA線大多呈現黏合震盪。

　　（2）出現MACD 0軸附近震盪＋KDJ低位黃金交叉時，KDJ指標的K
線和D線會在低位平行震盪，然後J線向上與K線和D線形成黃金交叉、三
線向上發散形態。

⑤ 形態解讀

　　圖6-3是創業環保的日線圖，MACD指標在A區域持續於0軸附近震
盪。對應到圖6-4（見188頁）的KDJ指標，會發現KDJ三線在A區域同樣
圍繞50線附近震盪，之後向下觸底，並反覆出現低位黃金交叉和死亡交
叉，直到J線在M區域，向上與K線和D線形成低位黃金交叉。綜合上述情
況，可以確認股價趨勢已由弱轉強，投資者應及時買股跟進。

圖6-4　創業環保日線圖──KDJ指標

實戰指南

（1）MACD指標圍繞0軸震盪是股價盤整的訊號，但由於MACD指標的反應較慢，很難透過它準確把握股價變化。

（2）出現MACD 0軸附近震盪＋KDJ低位黃金交叉時，KDJ指標的低位黃金交叉提示MACD指標的弱勢震盪即將結束，投資者應根據此提示適時買進，如圖6-4的M區域所示。

（3）出現MACD 0軸附近震盪＋KDJ低位黃金交叉期間，即使MACD指標發生黃金交叉或死亡交叉，只要雙線沒有明顯向上或向下發散，都可以判斷股價仍處於震盪趨勢，如圖6-3的A區域所示。

> **小提醒**
>
> 　　出現MACD 0軸附近震盪＋KDJ低位黃金交叉時，當MACD指標發
> 生死亡交叉，若DIFF線向下的斜率比較大，或雙線明顯向下發散，往往
> 是股價震盪破位的訊號。此時，KDJ指標通常已發出向下破位的提示，
> 投資者應根據KDJ指標的形態提早做出判斷。

MACD二次翻紅＋KDJ低位黃金交叉

　　MACD二次翻紅＋KDJ低位黃金交叉是指，MACD指標出現紅柱之
後，紅柱逐漸縮小到幾乎消失，但最後沒有變成綠柱，而是紅柱再次變
長，形成MACD二次翻紅形態，在此同時，KDJ指標出現低位黃金交叉。
這個形態是股價修正結束的徵兆，也是可靠的買進訊號。

⑤ 形態特徵

　　（1）出現MACD二次翻紅＋KDJ低位黃金交叉時，MACD指標的紅
柱必須持續縮小，但最後沒有變成綠柱，而是紅柱持續變長，形成MACD
二次翻紅形態。

　　（2）出現MACD二次翻紅＋KDJ低位黃金交叉時，KDJ指標的K線和
D線往往圍繞50線附近震盪。

　　（3）出現MACD二次翻紅＋KDJ低位黃金交叉時，KDJ指標的J線往
往向下震盪到K線和D線之下，繼而形成黃金交叉。

⑤ 形態解讀

　　圖6-5（見190頁）是華夏幸福的日線圖，MACD指標的紅柱在A區域
逐漸縮小，直到幾乎消失時又繼續增長，形成MACD二次翻紅形態。對應
到圖6-6（見190頁）的KDJ指標，會發現同期的K線與D線在A區域圍繞50
線震盪，J線出現一次快速向下震盪，然後在M區域形成KDJ黃金交叉。綜
合上述情況，可以確認股價的震盪盤整已告一段落，即將恢復上漲。

圖6-5　華夏幸福（600340）日線圖──MACD指標

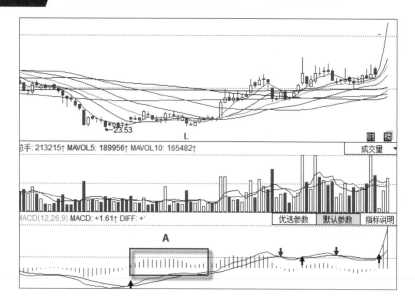

圖6-6　華夏幸福日線圖──KDJ指標

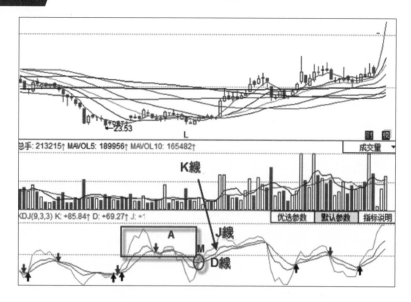

(S!) 實戰指南

當MACD二次翻紅形態成立，投資者不可過早買進，應等到KDJ黃金
交叉出現時再進場，如圖6-6的M區域所示。

> **小提醒**
>
> 　雖然MACD二次翻紅形態説明震盪趨勢正逐漸轉為強勢，但仍然要
> 用KDJ低位黃金交叉來輔助確認。如果之後的MACD紅柱再次變短，説
> 明震盪趨勢還會持續。

MACD雙線上行＋KDJ三線向上發散

MACD雙線上行＋KDJ三線向上發散是指，當MACD雙線逐步向上運
行，KDJ三線呈現向上發散。這個組合形態往往是股價即將加速上漲的徵
兆，是買進訊號。

(S!) 形態特徵

（1）出現MACD雙線上行＋KDJ三線向上發散時，MACD指標的
DIFF線和DEA線必須向上運行，而KDJ指標的K線和D線可以平行略向上
行，但J線必須明顯向上，且3條線呈現向上發散。

（2）出現MACD雙線上行＋KDJ三線向上發散時，MACD雙線可以
在0軸的上方或下方向上運行，而KDJ三線可以在50線的上方或下方向上
發散。

(S!) 形態解讀

圖6-7（見192頁）是嘉澳環保的日線圖，MACD指標的DIFF線與
DEA線在A區域緩慢上行，對應到圖6-8（見193頁）的KDJ指標，會發現
同一時期的K線與D線也呈現震盪上行，J線則反覆上下震盪，最後在2017

圖6-7　嘉澳環保（603822）日線圖──MACD指標

年3月24日（即M區域）出現明顯的三線向上發散形態。綜合以上情況，可以確定股價即將加速上行，投資者可以在圖6-8的M區域買進。

💲 實戰指南

（1）出現MACD雙線上行＋KDJ三線向上發散時，MACD雙線上行是對趨勢方向的提示，而KDJ三線向上發散則是股價加速上行的徵兆，因此這個組合形態是準確率極高的買進訊號。

（2）出現MACD雙線上行＋KDJ三線向上發散時，必須確認MACD雙線向上運行，緩慢上行亦可。

（3）出現MACD雙線上行＋KDJ三線向上發散時，KDJ三線必須向上發散，才能確認為股價結束震盪、即將上漲的訊號。

圖6-8　嘉澳環保日線圖──KDJ指標

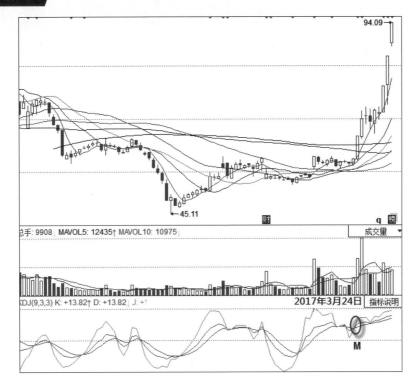

小提醒

　　出現MACD雙線上行＋KDJ三線向上發散時，若MACD指標或KDJ指標發生底背離現象，投資者應等到底背離結束後，再進行觀察。

6-2 【賣點】小心MACD二次翻綠＋KDJ死亡交叉，以及……

DIFF高位鈍化＋KDJ高位死亡交叉

DIFF高位鈍化＋KDJ高位死亡交叉是指，MACD指標的DIFF線在向上運行的過程中，發生在指標區間上沿平行運行的鈍化現象，在此同時，KDJ指標的J線向下與K線和D線形成高位死亡交叉。這是KDJ指標先行反轉的表現，是高位賣出的訊號。

⑤ 形態特徵

（1）出現DIFF高位鈍化＋KDJ高位死亡交叉時，MACD指標的DIFF線必須到達頭部極限區，在指標區間的上沿平行運行。

（2）出現DIFF高位鈍化＋KDJ高位死亡交叉時，KDJ指標的K線和D線往往呈現高位平行震盪，J線則是回落向下，與K線和D線形成高位死亡交叉。

⑤ 形態解讀

圖6-9是超訊通信的日線圖，MACD雙線經過前期上行之後，DIFF線在A區域於區間上沿平行運行，形成高位鈍化。對應到圖6-10（見196頁）的KDJ指標，會發現同一時期的K線與D線在M區域平行震盪，且J線由高處向下回落，與K線和D線形成高位死亡交叉。綜合上述情況，可以斷定股價即將反轉向下，投資者應及時賣股離場。

圖6-9　　超訊通信（603322）日線圖——MACD指標

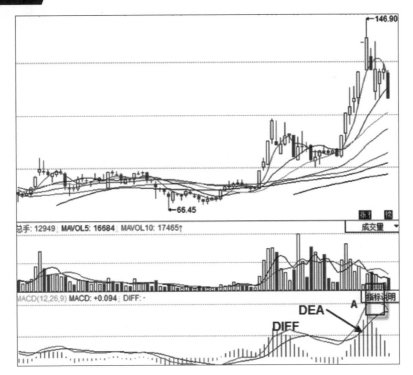

實戰指南

（1）出現DIFF高位鈍化＋KDJ高位死亡交叉時，MACD指標發生鈍化現象，所以反應相對遲鈍。

（2）出現DIFF高位鈍化＋KDJ高位死亡交叉之前，股價一定會經過一段明顯的上漲，且MACD雙線已到達頭部區域，如圖6-9所示。

（3）出現DIFF高位鈍化＋KDJ高位死亡交叉時，KDJ指標已形成頭部回落的跡象，因此是賣出的好時機。投資者應在DIFF線發生高位鈍化期間，J線向下與K線和D線形成高位死亡交叉時賣出持股，如圖6-10的M區域所示。

圖6-10 超訊通信日線圖──KDJ指標

小提醒

　　出現DIFF高位鈍化＋KDJ高位死亡交叉時，無論MACD或KDJ指標發生頂背離現象，投資者都應等到頂背離現象結束後，KDJ指標出現頭部反轉形態時再賣出。

MACD 0軸附近震盪＋KDJ死亡交叉

　　MACD 0軸附近震盪＋KDJ死亡交叉是指，當MACD指標的DIFF線與DEA線在0軸附近震盪，KDJ指標的J線向下與K線和D線形成死亡交叉。

這個組合形態說明股價的震盪趨勢轉弱，將下跌到新的低位平台震盪盤整，因此是弱勢轉弱的賣出訊號。

形態特徵

（1）出現MACD 0軸附近震盪＋KDJ死亡交叉時，MACD指標的DIFF線和DEA線必須在0軸附近上下震盪，而且雙線處於黏合或相距較近的狀態。

（2）出現MACD 0軸附近震盪＋KDJ死亡交叉時，KDJ指標的J線會由上向下與K線和D線形成死亡交叉。

（3）出現MACD 0軸附近震盪＋KDJ死亡交叉時，MACD雙線可以位在0軸的略為上方或下方，也可以圍繞0軸展開震盪。

形態解讀

圖6-11（見198頁）是天鐵股份的日線圖，股價經過前期的大幅上漲之後，MACD雙線在A區域從高位向下運行，回落到0軸的略為上方，呈現黏合震盪。

對應到圖6-12（見199頁）的KDJ指標，三線在50線以上的高位區震盪之後，J線在M區域向下與K線和D線形成死亡交叉，然後三線向下發散。綜合上述情況，可以判斷股價的震盪行情已轉弱，投資者應及時賣出持股。

實戰指南

（1）出現MACD 0軸附近震盪＋KDJ死亡交叉時，如果MACD雙線在0軸以上震盪，說明股價的震盪趨勢偏強，如圖6-11的A區域所示。

（2）在MACD 0軸附近震盪＋KDJ死亡交叉的組合形態中，KDJ指標率先向下發散，提示股價下跌，因此是賣出訊號。

（3）MACD 0軸附近震盪＋KDJ死亡交叉是趨勢轉弱的訊號，投資者應果斷在KDJ死亡交叉出現時賣股離場，如圖6-12的M區域所示。

圖6-11　天鐵股份（300587）日線圖──MACD指標

小提醒

出現MACD0軸附近震盪＋KDJ死亡交叉時，若MACD雙線在0軸以下震盪，說明股價的震盪趨勢偏弱，是弱勢轉弱的賣出訊號。

MACD二次翻綠＋KDJ死亡交叉

MACD二次翻綠＋KDJ死亡交叉是指，MACD指標出現綠柱後，綠柱逐漸縮小到幾乎消失，但最後並未變成紅柱，而是綠柱再次變長，形成MACD二次翻綠形態，在此同時，KDJ指標出現死亡交叉。這是KDJ指標

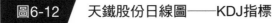

圖6-12　天鐵股份日線圖──KDJ指標

率先出現轉跌跡象的表現，因此是賣出訊號。

💲 形態特徵

（1）出現MACD二次翻綠＋KDJ死亡交叉時，MACD指標的綠柱必須逐漸變短，但最後沒有變為紅柱，而是綠柱繼續變長，形成MACD二次翻綠形態。

（2）出現MACD二次翻綠＋KDJ死亡交叉時， KDJ指標的J線會向下與K線和D線形成死亡交叉。

（3）出現MACD二次翻綠＋KDJ死亡交叉時，股價趨勢必然是震盪行情中，可以是高位震盪，也可以是低位震盪。

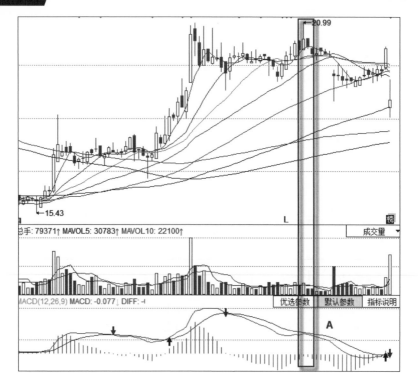

圖6-13　中洲控股（000042）日線圖——MACD指標

(S) 形態解讀

　　圖6-13是中洲控股的日線圖，股價大幅上漲之後在高位震盪，MACD
指標的綠柱在A區域開始縮小，眼看即將消失，但後來沒有出現紅柱，而
是綠柱繼續放大，形成MACD二次翻綠形態。

　　對應圖6-14的KDJ指標，會發現同一時期的J線由上向下，與K線和D
線形成死亡交叉形態。綜合上述情況，可以判斷股價即將結束高位震盪，
反轉為下跌趨勢，投資者要及時在圖6-14的M區域賣出持股。

(S) 實戰指南

　　（1）MACD二次翻綠＋KDJ死亡交叉通常出現在股價震盪趨勢中，
如圖6-13中A區域之前的股價走勢。

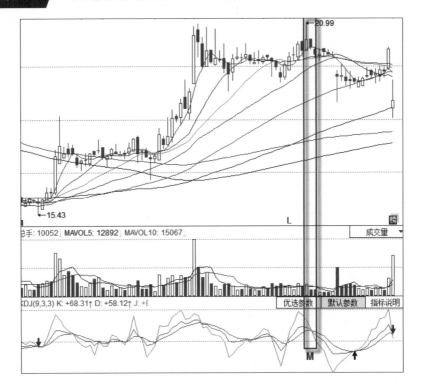

圖6-14　中洲控股日線圖──KDJ指標

（2）MACD二次翻綠＋KDJ死亡交叉，若出現在股價大幅上漲後的高位震盪中，往往是大趨勢即將反轉向下的訊號，如圖6-13所示。

（3）出現MACD二次翻綠＋KDJ死亡交叉時，KDJ死亡交叉是股價震盪趨勢結束的訊號，因此在實際操作上，投資者應以KDJ死亡交叉的時間點為賣出的主要參考，如圖6-14的M區域所示。

小提醒

（1）出現MACD二次翻綠＋KDJ死亡交叉時，如果觀察到頂背離現象，往往是發生在這個組合形態成立之前。

（2）如果MACD二次翻綠＋KDJ死亡交叉出現在股價低位震盪，KDJ指標往往會發生黃金交叉不叉，這是弱勢轉弱的賣出訊號。

MACD高位死亡交叉＋KDJ三線向下發散

　　MACD高位死亡交叉＋KDJ三線向下發散是指，當股價上漲時，MACD雙線向上運行到高位區，然後DIFF線向下與DEA線形成死亡交叉，在此同時，KDJ三線一齊向下發散。這個組合形態往往說明股價上漲趨勢已轉為下跌，因此是強烈的賣出訊號。

⑤ 形態特徵

　　（1）出現MACD高位死亡交叉＋KDJ三線向下發散之前，MACD雙線會上行到頭部區域，然後DIFF線由上向下與DEA線形成死亡交叉。

　　（2）MACD高位死亡交叉＋KDJ三線向下發散，通常出現在MACD指標的0軸以上，以及KDJ指標的50線以上。

⑤ 形態解讀

　　圖6-15是藍曉科技的日線圖，MACD雙線在A段向上運行到頭部區域，DIFF線在B區域向下與DEA線形成死亡交叉。對應到圖6-16（見204頁）的KDJ指標，會發現KDJ三線在高位震盪後出現向下走勢，然後三線明顯向下發散。綜合以上情況，可以判斷股價明顯從上漲趨勢反轉向下，投資者應在圖6-16的M區域果斷賣出持股。

⑤ 實戰指南

　　（1）出現MACD高位死亡交叉＋KDJ三線向下發散之前，MACD雙線通常會經過一段明顯的上行，如圖6-15的A段走勢。

　　（2）出現MACD高位死亡交叉＋KDJ三線向下發散之前，如果DIFF線發生高位鈍化，即使之後出現高位死亡交叉，股價趨勢也不一定會轉變，所以須借助KDJ指標做最終判斷。

　　（3）出現MACD高位死亡交叉＋KDJ三線向下發散時，KDJ三線不一定會形成死亡交叉，但在股價高位震盪之後，必定會出現三線向下發散形態，如圖6-16的M區域所示。

圖6-15　藍曉科技（300487）日線圖──MACD指標

　　MACD高位死亡交叉＋KDJ三線向下發散，若出現在股價的震盪行情中，往往是到達震盪高點的訊號。此時，MACD指標通常不會升到頭部極限區，也不會出現高位鈍化，但只要KDJ指標出現三線向下發散、黃金交叉不叉形態，便是趨勢轉弱的賣出訊號。

圖6-16 藍曉科技日線圖——KDJ指標

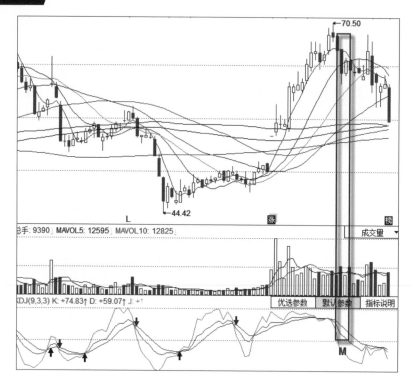

6-3　股價上下盤整時，善用 4種形態操作就能穩健獲利

MACD雙線首次回檔＋KDJ低位黃金交叉

MACD雙線首次回檔＋KDJ低位黃金交叉是指，在MACD雙線自底部上行，隨後向下回檔的過程中，一旦KDJ指標出現低位黃金交叉，往往是股價修正結束、轉為上漲的買進訊號。

⑤ 形態特徵

（1）形成MACD雙線首次回檔＋KDJ低位黃金交叉時，MACD指標通常處於股價上漲趨勢中出現的首次回檔。

（2）形成MACD雙線首次回檔＋KDJ低位黃金交叉時，KDJ指標會運行到50線以下，或是向上接近50線的位置，並出現低位黃金交叉。

⑤ 形態解讀

圖6-17（見206頁）是巨人網路的日線圖，MACD指標在A段由底部低位區一路上行，隨後在B段出現回檔，步入震盪盤整。

對應到圖6-18（見206頁）的KDJ指標，會發現此時的KDJ指標處於低位區，J線在M區域由下向上，與K線和D線形成黃金交叉。綜合上述情況，可以判斷股價即將結束震盪、恢復上漲，投資者應及時在圖6-18的M區域買進。

圖6-17　巨人網路（002558）日線圖──MACD指標

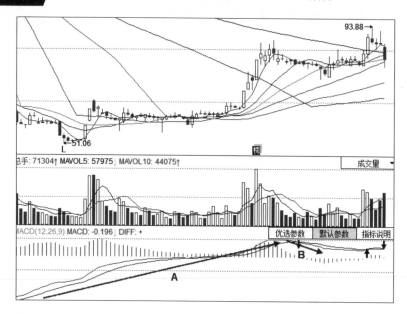

圖6-18　巨人網路日線圖──KDJ指標

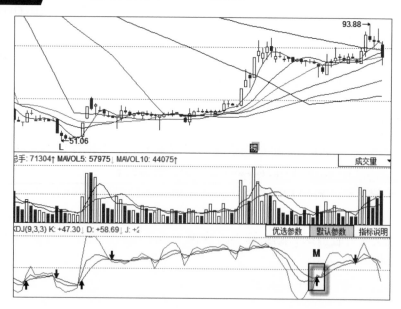

🛢️ 實戰指南

（1）出現MACD雙線首次回檔＋KDJ低位黃金交叉時，要用MACD指標判斷趨勢方向，再根據KDJ指標的低位黃金交叉選擇操作時機。不能根據MACD指標做出決定，因為KDJ指標在短線波動上的參考性更勝於MACD指標。

（2）出現MACD雙線首次回檔＋KDJ低位黃金交叉時，股價往往處於告別底部後的首次回檔，所以形態的成功率和安全性相對較高。但是，如果MACD雙線如圖6-17的A段一樣，上行的時間較長、速度較緩，後市行情往往會有所反覆。

（3）投資者應在MACD雙線出現上行過程中的首次回檔，且KDJ指標出現低位黃金交叉時買進，如圖6-18的M區域所示。

小提醒

出現MACD雙線首次回檔＋KDJ低位黃金交叉時，如果前期MACD雙線上行的速度較慢或幅度較大，後市通常會出現較大幅度的震盪。所以，投資者在根據KDJ黃金交叉買進後，一旦發現股價有回落跡象，就應先行賣出，待股價止穩後再考慮介入。

MACD雙線回跌0軸＋KDJ低位死亡交叉

MACD雙線回跌0軸＋KDJ低位死亡交叉是指，MACD雙線從底部上行並突破0軸，然後向下回落到0軸附近，圍繞0軸震盪盤整，在此同時，一旦KDJ指標在0軸附近或以下出現死亡交叉，說明股價可能進一步深跌，所以是弱勢轉弱的賣出訊號。

🛢️ 形態特徵

（1）出現MACD雙線回跌0軸＋KDJ低位死亡交叉之前，MACD雙線通常會向上突破0軸並繼續上行。

圖6-19　三豐智能（300276）日線圖──MACD指標

（2）出現MACD雙線回跌0軸＋KDJ低位死亡交叉時，當MACD雙線圍繞0軸展開震盪，J線必須在50線以下或接近50線的位置，由上向下與K線和D線形成死亡交叉。

⑤ 形態解讀

圖6-19是三豐智能的日線圖，MACD雙線在A段向上突破0軸並持續上行，隨後在B區域回跌到0軸附近震盪盤整，期間雖然略有上行，但是距離0軸依然很近，仍屬於圍繞0軸的震盪盤整。

對應到圖6-20的KDJ指標，會發現J線在M區域由上向下與K線和D線形成死亡交叉，而且是出現在50線以下的低位死亡交叉。綜合上述情況，可以判斷股價震盪行情已轉弱，之後會進入更低位的震盪盤整，投資者應暫時賣出持股。

圖6-20　三豐智能日線圖──KDJ指標

💲 實戰指南

（1）出現MACD雙線回跌0軸＋KDJ低位死亡交叉時，MACD雙線往往是由低位向上突破0軸，再回落到0軸附近震盪，如圖6-19的B區域。

（2）出現MACD雙線回跌0軸＋KDJ低位死亡交叉時，投資者不用等到MACD雙線的震盪結束，應在KDJ指標形成死亡交叉時，便果斷賣出。

（3）出現MACD雙線回跌0軸＋KDJ低位死亡交叉時，KDJ死亡交叉通常出現在50線附近，如圖6-20所示。

> **小提醒**
>
> 　　如果前期MACD雙線上行到0軸以上的高位區，再回落到0軸附近時，是位於0軸以上甚至是偏高區域，那麼一旦發生KDJ低位死亡交叉，之後的股價跌幅往往會比較大，將步入深幅修正。

圖6-21 銀龍股份（603969）日線圖──MACD指標

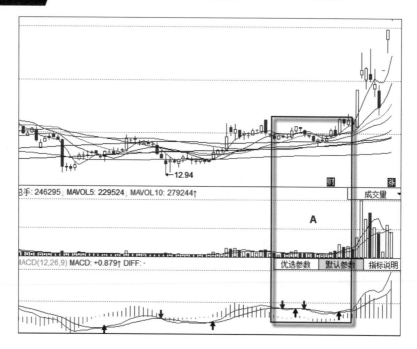

MACD雙線低位震盪黏合＋J線低點不斷抬高

MACD雙線低位震盪黏合＋J線低點不斷抬高是指，當MACD指標的DIFF線和DEA線呈現黏合震盪，KDJ指標的J線反覆向下運行，而且波浪的低點不斷向上抬高。這個組合形態說明震盪盤整逐漸轉強，投資者應在KDJ指標明顯加速上行時進場買股。

⑤ 形態特徵

（1）出現MACD雙線低位震盪黏合＋J線低點不斷抬高時，MACD指標的DIFF線和DEA線會相距較近，甚至黏合在一起震盪。

（2）出現MACD雙線低位震盪黏合＋J線低點不斷抬高時，KDJ指標的K線與D線同樣會相距較近，呈現平行震盪或略為向上震盪的狀態。

（3）出現MACD雙線低位震盪黏合＋J線低點不斷抬高時，KDJ指標

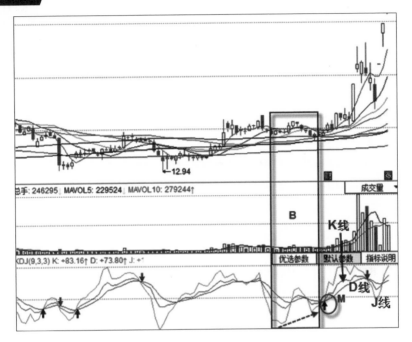

圖6-22　銀龍股份日線圖──KDJ指標

的J線會反覆下行，而且後一次下行的低點會高於前一次下行的低點，也就是低點持續抬高。

形態解讀

　　圖6-21是銀龍股份日線圖，在A區域中，MACD指標的DIFF線和DEA線相距很近，呈現黏合震盪狀態。對應到圖6-22的KDJ指標，會發現B區域的K線和D線逐漸靠近，呈現平行震盪，J線則以較大的幅度上下震盪，而且每一次向下的低點都逐漸升高。綜合上述情況，可以判斷股價震盪趨勢不斷走強，投資者應在圖6-22的M區域，也就是KDJ指標加速上行時果斷買進。

實戰指南

　　（1）出現MACD雙線低位震盪黏合＋J線低點不斷抬高時，MACD雙

線必須相距較近，如圖6-21的A區域所示。

（2）出現MACD雙線低位震盪黏合＋J線低點不斷抬高時，KDJ指標的K線與D線必須轉為平行震盪，且相距較近，如圖6-22所示。

（3）出現MACD雙線低位震盪黏合＋J線低點不斷抬高之後，投資者應在KDJ指標形成黃金交叉、三線向上發散時，把握震盪結束的買點。

小提醒

出現MACD雙線低位震盪黏合＋J線低點不斷抬高時，如果J線向下震盪的低點十分接近，往往說明股價震盪行情還會延續，投資者最好等到50線附近出現KDJ黃金交叉、三線向上發散形態時再進場。

MACD雙線低位小幅震盪＋KDJ三線向上分散

MACD雙線低位小幅震盪＋KDJ三線向上分散是指，當MACD指標的DIFF線和DEA線在0軸以下平行震盪，KDJ指標出現三線向上發散形態。這個組合形態說明股價弱勢震盪已結束，投資者應及時買進。

⑤ 形態特徵

（1）出現MACD雙線低位小幅震盪＋KDJ三線向上分散時，MACD指標的DIFF線和DEA線必須相距較近或是相互黏合，並呈現小幅震盪。

（2）出現MACD雙線低位小幅震盪＋KDJ三線向上分散時，KDJ指標必須在K線和D線走平之後，出現明顯的三線向上發散形態。

（3）出現MACD雙線低位小幅震盪＋KDJ三線向上分散時，KDJ三線往往在50線以下的低位區。

⑤ 形態解讀

圖6-23是數字政通的日線圖，在A區域，MACD指標的DIFF線和DEA線幾乎黏合，呈現低位弱勢震盪，而且上下震盪的幅度極小。對應到圖

圖6-23　數字政通（300075）日線圖——MACD指標

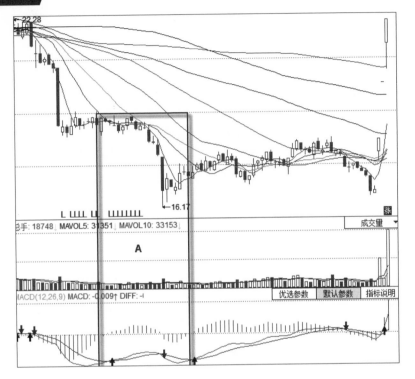

6-24（見214頁）的KDJ指標，會發現同一時期的K線與D線在M區域轉為黏合平行，隨後向上運行，三線明顯向上發散並脫離低位區。綜合上述情況，判斷未來股價將由弱勢震盪轉為上行，投資者應及時進場買股。

💲 實戰指南

（1）出現MACD雙線低位小幅震盪＋KDJ三線向上分散時，MACD雙線必須相距較近，如圖6-23所示。

（2）出現MACD雙線低位小幅震盪＋KDJ三線向上分散時，KDJ三線不一定會出現黃金交叉，但必須明顯向上發散，投資者才可以買進，如圖6-24的M區域所示。

（3）出現MACD雙線低位小幅震盪＋KDJ三線向上分散時，MACD

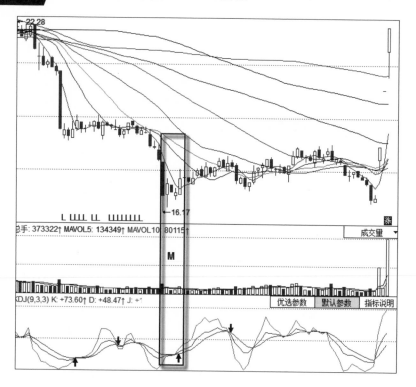

圖6-24　　　數字政通日線圖──KDJ指標

雙線通常位在0軸以下的低位區，KDJ三線會位在50線以下的低位區，如圖6-23 和圖6-24所示。

小提醒

出現MACD雙線低位小幅震盪＋KDJ三線向上分散時，當MACD雙線在0軸以下的低位區，但是未到達底部，只要雙線呈現黏合小幅震盪，甚至是平行或小波浪式的震盪，同樣都屬於底部震盪形態，投資者可以根據KDJ指標的三線向上發散，來確定買點。

第 7 章

察覺主力動向，
就能避開陷阱、順勢賺價差

股市中的主力向來都是神秘且難以捉摸，
但只要及時觀察 KDJ 指標的變化，
就能將主力的動向和意圖盡攬懷中！

7-1 【建倉】週線圖的J線會發生低位鈍化，你還要注意⋯⋯

週線KDJ三線低位震盪

週線KDJ三線低位震盪是指，股價經過前期的大幅下跌之後，KDJ三線位在50線以下的低位區，K線與D線呈現幾乎黏合的平行震盪，J線明顯觸底震盪走低。此形態說明主力正在壓低股價、大舉吸籌，投資者應在主力建倉結束時買進股票。

⑤ 形態特徵

（1）出現週線KDJ三線低位震盪時，若是主力在建倉，股價往往已經長期大幅下跌，KDJ三線也從頭部大幅回落，運行到50線以下。

（2）出現週線KDJ三線低位震盪時，若是主力在建倉，K線與D線會在低位區黏合平行震盪，J線會發生一次明顯的觸底或低位鈍化。

⑤ 形態解讀

圖7-1是建投能源的週線圖，股價經過A段的長期大幅下跌之後，KDJ三線在B段由高位區向下運行，在C區域抵達50線以下的低位區。此時，K線與D線平行震盪，J線向下震盪並發生低位鈍化。這表示主力正在大舉逢低建倉，投資者要及時進場買股。

圖7-2（見218頁）是冀東水泥的週線圖，股價經過A段的下跌，以及KDJ三線經過B段的高位回落之後，J線在D區域快速觸底回升。進入C區

圖7-1　建投能源（000600）週線圖

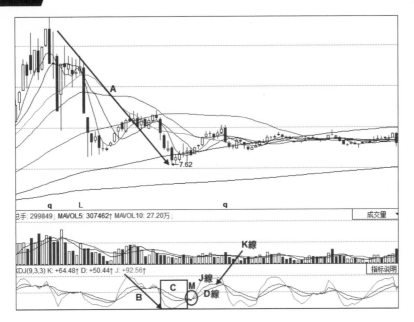

域後，K線與D線在50線以下的低位區黏合大幅震盪，表示主力正在逢低建倉，投資者應及時買進。

(§) 實戰指南

（1）出現週線KDJ三線低位震盪時，若主力在建倉，K線與D線通常會在50線以下呈現幾乎黏合的平行運行（如圖7-1所示），或是低位大幅度的波浪震盪（如圖7-2所示）。

（2）出現週線KDJ三線低位震盪時，若主力在建倉，在K線與D線平行震盪的期間，J線至少會發生一次觸底，而且可能發生低位鈍化，如圖7-1和圖7-2的C區域所示。

（3）當週線KDJ三線低位震盪，若主力在建倉，股價會在低位區小幅弱勢震盪，如圖7-1與圖7-2中C區域對應的股價趨勢。

（4）出現週線KDJ三線低位震盪時，若主力在建倉，之前股價和

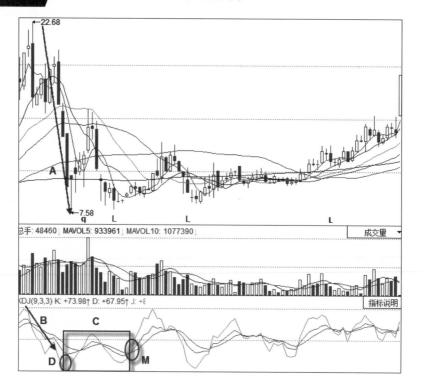

圖7-2　冀東水泥（000401）週線圖

KDJ指標都會經過一段明顯的下跌，而且股價的跌幅比較大，如圖7-1和圖
7-2的A、B走勢。

（5）當週線KDJ三線低位震盪，若主力在建倉，投資者應在主力建
倉的結束點，也就是週線圖上出現KDJ低位黃金交叉、三線向上發散時買
進，如圖7-1和圖7-2的M區域所示。

小提醒

　　出現週線KDJ三線低位震盪時，如果主力在快速建倉，J線向下觸底
通常不會太深，K線與D線平行震盪的時間會較短。此時週線圖上的表現
不會太明顯，投資者可以結合日線圖加以觀察。

週線 J 線低位鈍化

週線 J 線低位鈍化是指，在股價和 KDJ 指標的下跌過程中，J 線順勢到達底部低位區後，在指標區間的下沿平行運行。此形態是主力在低位建倉的徵兆，投資者應在主力建倉結束時果斷買進。

⑤ 形態特徵

（1）週線 J 線低位鈍化出現之前，股價和 KDJ 指標往往會有一段明顯的向下運行趨勢，而且幅度較大。

（2）週線 J 線低位鈍化出現時，J 線會快速下探，並在運行到底部之後，沿著指標區間的下沿平行運行。

（3）週線 J 線低位鈍化出現時，必須確認 K 線與 D 線已轉為平行或小幅震盪，才能判定主力正在建倉。

⑤ 形態解讀

圖 7-3（見 220 頁）是恒基達鑫的週線圖，股價在 A 段下跌，KDJ 三線在 B 段向下運行到 50 線以下的低位區，其間 J 線明顯快速下探，在 C 區域到達底部後，沿著區間下沿平行運行，形成低位鈍化。之後，K 線與 D 線在 D 區域黏合平行震盪。這說明主力正在逢低建倉，投資者應選擇在主力建倉結束時買進。

圖 7-4（見 221 頁）是橫河模具的週線圖，當股價在 A 段快速下跌，KDJ 三線在 B 段從頭部大幅回落，運行到 50 線以下的低位區時，J 線在 C 區域到達底部，在指標區間的下沿平行運行。之後，K 線與 D 線出現短暫的平行震盪，三線隨即在 M 區域形成低位黃金交叉。

橫河模具是上市不久的新股，圖中股價和 KDJ 指標的快速回落，均發生在股票上市後的快速上漲期間。此處週線圖上的 J 線低位鈍化，說明有主力正在逢低搶籌做短線，因此投資者可以用短線操作的策略，在主力結束建倉時大膽買進。

圖7-3 　　恒基達鑫（002492）週線圖

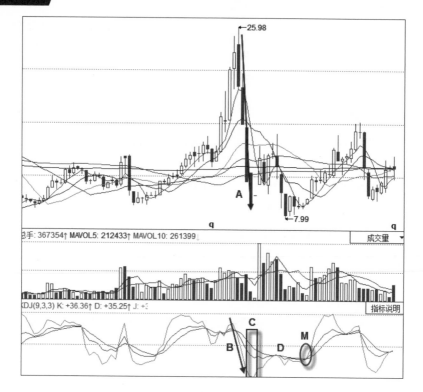

🄢 實戰指南

（1）週線J線低位鈍化出現之前，股價與KDJ指標通常會經過明顯的下跌走勢。此時股價的跌幅越大，表示主力建倉的意圖越明顯，如圖7-3的A區域所示。

（2）週線J線低位鈍化出現時，若是新上市的股票，主力往往會採取短線操作。此時K線與D線在低位平行震盪的時間較短（如圖7-4），投資者應採用短線波段的操作策略。

（3）週線J線低位鈍化出現之後，K線與D線通常會平行震盪，且雙線相距較近，如圖7-3的D區域和圖7-4的M區域所示。

（4）週線J線低位鈍化出現時，投資者應在主力建倉的結束點買進，

圖7-4　橫河模具（300539）週線圖

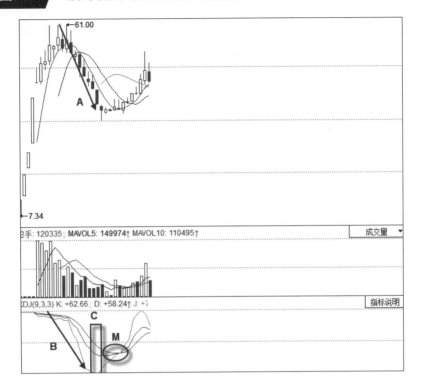

也就是J線低位鈍化，K線與D線平行震盪之後，形成KDJ低位黃金交叉形態時，如圖7-3和圖7-4的M區域所示。

> **小提醒**
>
> 　　出現週線J線低位鈍化之後，如果K線與D線未能呈現平行震盪，而是維持向下運行，往往表示股價還會繼續下跌。此時，即使J線向上震盪，通常只會形成黃金交叉不叉形態，表明後市仍將震盪走低，投資者不可以參與。

月線KDJ死亡交叉不死

　　月線KDJ死亡交叉不死是指，在月線圖上，J線震盪向下靠近K線與D線，尚未形成交叉就轉向上行，沒有出現死亡交叉。此形態通常發生在月線，是中長線趨勢轉強的表現，也是個股即將展開大牛行情的訊號。如果此形態出現在大盤指數的月線圖上，往往說明牛市即將開啟，投資者在盤中應積極做多。

💲 形態特徵

　　（1）出現月線KDJ死亡交叉不死時，J線會在下行或震盪下行的過程中，靠近K線與D線，但還沒形成交叉，就轉向繼續上行。

　　（2）月線KDJ死亡交叉不死若出現在50線以下，往往是大牛行情的訊號，若出現在50線以上，往往是大牛行情將持續的訊號。

💲 形態解讀

1.「50線以下」的月線KDJ死亡交叉不死

　　圖7-5是首鋼股份的月線圖，股價經過A段的長期下跌，以及KDJ指標經過B段的低位弱勢震盪之後，在M區域，J線向上突破K線與D線，約略上行後，又向下靠近K線與D線，尚未交叉就轉向上行，形成死亡交叉不死形態。

　　該KDJ形態出現在月線圖上，且位在50線以下的低位區，再加上K線與D線長期小幅震盪，說明主力是在大跌後的低點大舉建倉，一輪大牛行情即將展開，投資者應及時跟進。

2.「50線以上」的月線KDJ死亡交叉不死

　　圖7-6（見224頁）是視覺中國的月線圖，股價經過A段的上漲，以及KDJ指標經過B段的向上運行之後，J線向下回落，並在M區域靠近K線與D線，尚未交叉便轉向上行，形成KDJ死亡交叉不死形態。

　　由於此形態出現在月線圖上，而且之前股價處於上漲趨勢，說明J線的下行只是反映股價趨勢的短線修正，再加上之後KDJ三線並未向下跌破50線，表示牛市行情即將展開，投資者應及時買進。

圖7-5　首鋼股份（000959）月線圖

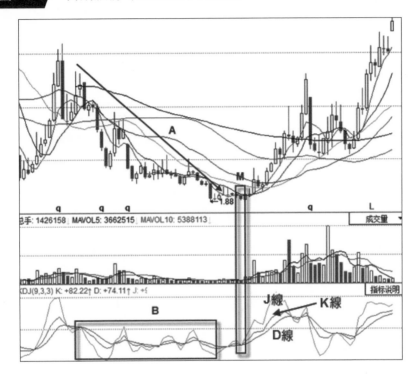

$ 實戰指南

（1）月線KDJ死亡交叉不死大多出現在大型績優股，因為這些股票的股本大，主力建倉花費的時間比較長。

（2）若月線KDJ死亡交叉不死發生在50線以下，往往是主力中長線布局的建倉點，也是捕捉牛市行情啟動點的好時機。此形態出現前，股價下跌的幅度比較大，弱勢震盪的時間比較長，如圖7-5所示。

（3）若月線KDJ死亡交叉不死出現在月線的上漲初期，往往是牛市啟動之後主力建倉的徵兆，後市的漲幅相當可觀。

（4）月線KDJ死亡交叉不死，無論發生在50線的上方或下方，都是中長線建倉的最佳時機，投資者應及時把握機會。

圖7-6　視覺中國（000681）月線圖

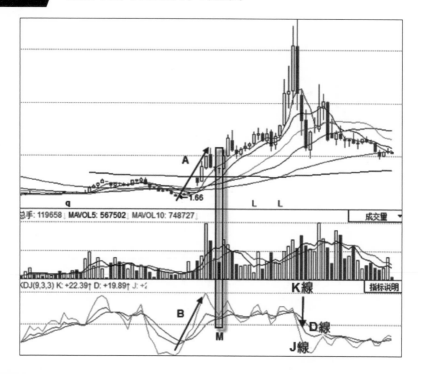

小提醒

（1）如果月線KDJ死亡交叉不死出現在大型績優股，可信度往往比較高。這是因為小型股的股本小，在月線圖上的震盪幅度較大，且波動較快，主力介入的痕跡會相對不夠明顯。

（2）月線KDJ死亡交叉不死往往是大牛股即將現身的訊號，至於具體的買點，投資者可以在形態出現時，根據30分鐘或60分鐘等短週期圖的KDJ指標變化，尋找更低的反彈點買進。

7-2 【洗盤】透過 3 種形態，抓緊主力清洗浮籌的進場點

三線黏合震盪

　　三線黏合震盪是指，在股價上漲後的回檔過程中，K 線、D 線、J 線之間的距離非常靠近，幾乎黏在一起合併成一條線。此形態通常在週線圖上更為明顯，一旦三線黏合震盪結束，出現 KDJ 指標的買進訊號時，投資者應及時進場。

⑤ 形態特徵

　　（1）三線黏合震盪出現時，若主力在清洗浮籌（又稱為洗盤），KDJ 三線會相互黏合，以小波浪的方式略為向上或向下震盪。

　　（2）若三線黏合震盪出現在「KDJ 指標長期下行後，由底部區域初次上行」的過程中，大多代表主力是在低位建倉時清洗浮籌。

　　（3）當三線黏合震盪出現在 KDJ 指標突破 50 線後的回落過程中，若主力在清洗浮籌，三線大多是在 0 軸附近黏合震盪。

⑤ 形態解讀

　　圖 7-7（見 226 頁）是 *ST 青松的週線圖，當股價在 A 段反彈向上時，KDJ 指標在 B 區域也呈現上行，隨後在 C 區域出現三線黏合震盪，但由於此時股價下跌，這裡的三線黏合屬於股價弱勢盤整的展現，並非主力清洗浮籌的徵兆。

圖7-7　*ST青松（600425）週線圖

　　接下來，股價經過D段的下跌之後，KDJ指標發生底背離、J線觸底反彈，並在M區域再次出現三線黏合震盪。三線黏合震盪結束後，KDJ指標形成黃金交叉、三線向上發散形態，說明主力是在低位震盪中清洗浮籌，投資者可以逢低買進。

　　圖7-8是林海股份的日線圖，經過股價在A段上漲，以及KDJ指標在C段上行之後，KDJ三線到達頭部高位區，隨後股價在B段修正下跌，KDJ指標在D段回落，說明主力在拉抬股價。之後，在E區域出現KDJ三線黏合，顯示主力透過小波浪震盪清洗浮籌，投資者應及時買進。

💲 實戰指南

　　（1）三線黏合震盪出現時，投資者應在KDJ指標形成黃金交叉、三

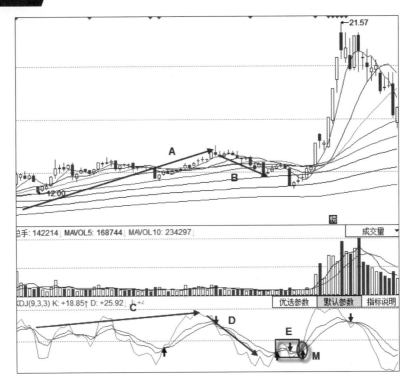

圖7-8　林海股份（600099）日線圖

線向上發散時買進，如圖7-7和圖7-8的M區域所示。

　　（2）如果三線黏合震盪出現在股價下跌的反彈行情中，其後往往會繼續下跌，此時並非主力清洗浮籌的徵兆，而是下跌中的反彈即將結束的訊號，投資者不宜買進，如圖7-7的C區域所示。

　　（3）如果三線黏合震盪發生在主力建倉期間的清洗浮籌階段，期間往往會出現底背離現象。此時主力正在壓低股價以利建倉，投資者可以趁股價止跌時買進，如圖7-7的M區域，或是等主力建倉結束再買進，如圖7-7的E區域。

　　（4）如果三線黏合震盪發生在主力拉抬後的清洗浮籌階段，KDJ指標和股價往往會明顯地先上漲再回落，如圖7-8的A、B、C、D段走勢。

重回50線以下的KDJ黃金交叉

　　重回50線以下的KDJ黃金交叉是指，在股價上漲的過程中，KDJ三線突破50線並繼續上行，然後重新回到50線以下震盪盤整，最後形成KDJ黃金交叉。此形態說明主力清洗浮籌的幅度較大，造成KDJ三線重新回到50線下方。投資者可以根據KDJ黃金交叉和三線向上發散形態，及時在清洗浮籌結束時進場買股。

形態特徵

　　（1）若主力在清洗浮籌，出現重回50線以下的KDJ黃金交叉之前，股價往往會明顯上漲，KDJ三線會在50線以上向上運行。

　　（2）若主力在清洗浮籌，出現重回50線以下的KDJ黃金交叉時，KDJ三線會跌破50線，並在50線以下低位震盪。J線會在接近50線的位置，向上與K線和D線形成黃金交叉。

形態解讀

　　圖7-9是*ST山煤的週線圖，當股價在A段上漲，KDJ三線在B段突破50線並繼續上行，接著快速跌破50線，停留在50線附近震盪，最後在M區域形成KDJ黃金交叉、三線向上發散。此形態說明主力清洗浮籌已結束，投資者應及時買進。

　　圖7-10（見230頁）是*ST八鋼的日線圖，當股價在A段上漲，KDJ三線在B段突破50線並震盪上行，接著快速回落到50線下方震盪，最後在接

圖7-9　　*ST山煤（600546）週線圖

近50線的位置形成黃金交叉、三線向上發散形態（如M區域）。這說明主力在股價上漲後的清洗浮籌告一段落，股價即將恢復上漲，投資者應果斷買進。

實戰指南

（1）重回50線以下的KDJ黃金交叉出現之前，股價和KDJ指標必須經過一段明顯的上行，如圖7-9和圖7-10的A段與B段，否則不能確定主力在清洗浮籌。

（2）重回50線以下的KDJ黃金交叉出現時，投資者應使用週線圖或日線圖做觀察，不能使用週期過長的月線圖或年線圖，也不能用週期過短的30分鐘圖、5分鐘K線圖等，否則難以確定主力的清洗浮籌行為。

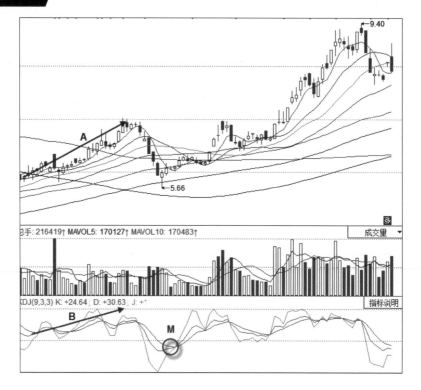

圖7-10 *ST八鋼（600581）日線圖

（3）重回50線以下的KDJ黃金交叉出現之後，投資者應在KDJ三線向上發散時進場買股，如圖7-9和圖7-10的M區域所示。切記不能過早買進，因為KDJ指標形成黃金交叉之後，可能會再次變成死亡交叉，然後持續弱勢震盪。

> **小提醒**
>
> 重回50線以下的KDJ黃金交叉，若出現在大型績優股的月線圖上，往往是長線主力的大波段清洗浮籌動作。此時投資者應考慮更長的波段週期，制定相應的操盤策略。

50線上的KDJ死亡交叉不死

　　50線上的KDJ死亡交叉不死是指，當KDJ三線在50線以上運行，K線和D線緩慢上行，J線向下靠近K線與D線，但是尚未形成死亡交叉，就恢復向上運行。此形態的出現，往往是主力在上漲趨勢中，完成短線清洗浮籌的訊號。

💲 形態特徵

　　（1）出現50線上的KDJ死亡交叉不死時，KDJ三線必須在50線以上運行，並且股價為上漲趨勢。

　　（2）出現50線上的KDJ死亡交叉不死時，K線與D線必須緩慢向上運行，J線必須向下運行，在與K線和D線發生交叉前，便恢復上行。

💲 形態解讀

　　圖7-11（見232頁）是保變電氣的日線圖，股價經過A段的上漲之後，KDJ三線在B段突破50線並向上運行。在K線與D線保持持續上行的前提下，J線於B段末端向下靠近K線與D線，尚未發生交叉就止跌回升，形成KDJ死亡交叉不死形態（如M區域）。這說明主力拉抬股價後已完成清洗浮籌，股價即將重拾升勢，投資者應及時買進。

　　圖7-12（見233頁）是*ST匹凸的日線圖，當股價在B段上漲，KDJ三線在C段突破50線並震盪上行。在K線和D線保持震盪上行的前提下，J線在C段末端向下接近K線與D線，尚未發生交叉就轉向上行，形成50線以上的死亡交叉不死形態（如D區域）。

　　但是，仔細觀察後會發現，股價B段上漲其實只是前期A段下跌的一波反彈，而且前期的均線趨勢顯示為下跌，因此不能將這裡的KDJ形態視為主力清洗浮籌結束的徵兆。

💲 實戰指南

　　（1）50線上的KDJ死亡交叉不死，唯有發生在股價上漲趨勢中，才是主力清洗浮籌結束的徵兆，如圖7-11所示。

圖7-11   保變電氣（600550）日線圖

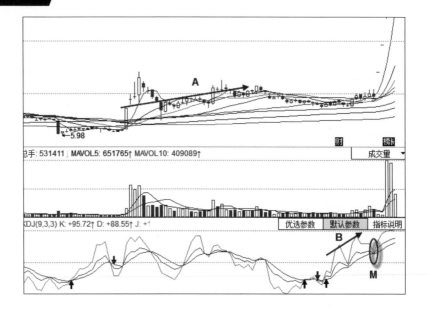

（2）50線上的KDJ死亡交叉不死，如果發生在股價下跌趨勢的反彈行情中，只有當均線改變運行方向、形成多頭排列時，才是主力清洗浮籌結束的徵兆，如圖7-12所示。

（3）出現50線上的KDJ死亡交叉不死之前，如果股價漲幅有限，後續的短期漲幅往往十分可觀，因為主力清洗浮籌結束後，股價將進入快速拉抬階段，如圖7-11所示。

┌─ 小提醒 ────────────────────────────────
│
│   出現50線上的KDJ死亡交叉不死時，如果前期股價持續橫盤震盪長
│ 達半年以上，而且均線初步形成多頭排列，往往是大牛股即將啟動的訊
│ 號，投資者應果斷買進。
│
└───

圖7-12　*ST匹凸（600696）日線圖

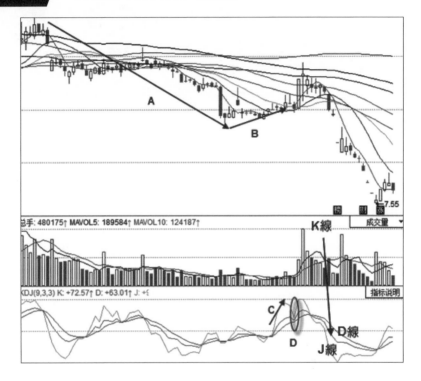

7-3 【拉抬】看到KDJ這樣運行，趁著股價上漲趕快買

三線加速上行

　　三線加速上行是指，當K線與D線初步由下行轉為平行向上行，J線以大斜率引領K線與D線加速向上運行。如果此形態出現在股價上漲趨勢中，往往是主力清洗浮籌後開始拉抬股價的徵兆，是買進訊號。

💲 形態特徵

　　（1）出現三線加速上行時，若是主力拉抬股價的徵兆，股價通常為上漲趨勢，或是震盪中的均線多頭上漲趨勢。

　　（2）出現三線加速上行時，若是主力拉抬股價的徵兆，KDJ三線一般會在50線附近，K線和D線必須呈現平行略為向上行。

💲 形態解讀

　　圖7-13是*ST常林的日線圖，股價在A段上漲之後，均線形成多頭上漲趨勢，然後出現回檔。對應到KDJ指標，K線與D線在B段走平之後轉向上行，J線開始以大斜率向上衝，引領K線與D線快速向上，3條線在M區域形成明顯的三線加速上行形態。這說明股價即將進入快速拉抬階段，投資者應及時買進。

　　圖7-14（見236頁）是青龍管業的日線圖，股價經過長時間的橫盤震盪後，各條均線相互靠攏，形成短期均線在上、長期均線在下的多頭排

圖7-13　*ST常林（600710）日線圖

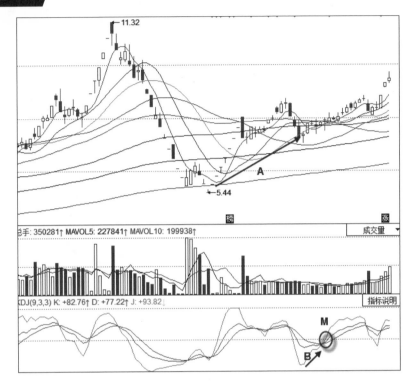

列。對應到KDJ指標，J線在A區域末端出現一波快速下探，再突然以大斜率快速上行，引領K線與D線跟著上行，3條線在M區域形成明顯的三線加速上行形態。這說明主力以橫盤震盪的方式，完成建倉和清洗浮籌，股價即將進入快速拉抬階段，投資者應及時買進。

💲 實戰指南

（1）投資者應在三線加速上行成立之初進場買股，如圖7-13和圖7-14的M區域所示。

（2）出現三線加速上行之前，股價必須經過一段明顯的上漲，如圖7-13的A段走勢。

（3）出現三線加速上行之前，若股價處於震盪行情，各條均線往往

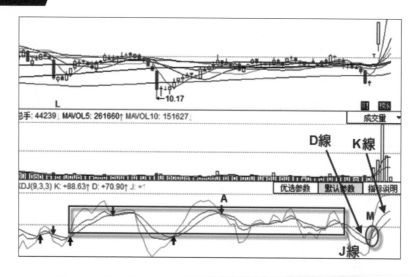

圖7-14　　青龍管業（002457）日線圖

會演變為初期的多頭上漲趨勢，也就是短期均線位在長期均線之上，如圖7-14所示。

（4）出現三線加速上行時，如果股價處於橫盤震盪，KDJ三線往往會圍繞50線上下震盪。此時應觀察K線與D線，只要它們保持在50線附近即可，而J線的震盪幅度會略大，如圖7-14的A區域所示。

> **小提醒**
>
> 　　出現三線加速上行時，如果前期的股價為下跌趨勢的反彈行情，往往不是主力清洗浮籌後開始拉抬股價的徵兆，投資者應謹慎。

三線向上發散、J線快速上行

　　三線向上發散、J線快速上行是指，當K線與D線由平行震盪轉向上行，與J線形成三線向上發散形態，其中J線向上的斜率較大。此形態是股

图7-15　鹽田港（000088）日線圖

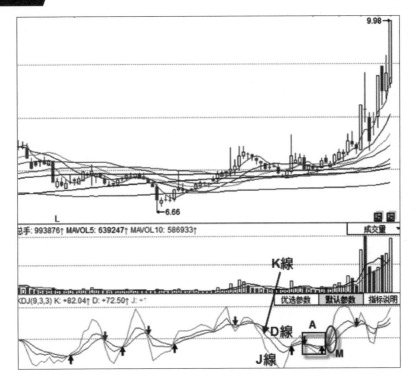

價即將快速上漲的訊號，因此是短線捕捉強勢股的重要參考。

💲 形態特徵

（1）出現三線向上發散、J線快速上行時，K線與D線必須有走平後轉向上行的過程。當J線向上運行的斜率越大，股價在短時間內的漲幅就越大。

（2）出現三線向上發散、J線快速上行時，KDJ指標有時會形成黃金交叉，有時是死亡交叉不死形態。

💲 形態解讀

圖7-15是鹽田港的日線圖，K線與D線在A區域平行震盪後，J線出現

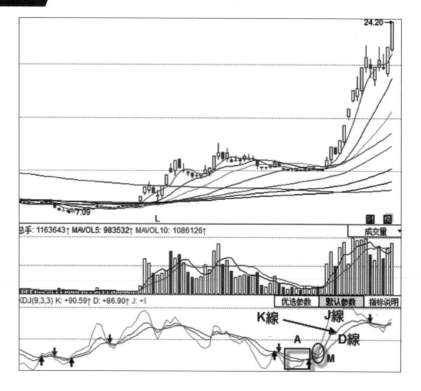

圖7-16　西部建設（002302）日線圖

快速上行，並在M區域與K線和D線發生黃金交叉，然後三線向上發散。
此時J線上行的斜率很大，引領K線和D線也快速向上，說明主力已完成清
洗浮籌，股價即將進入快速拉抬階段。

　　圖7-16是西部建設的日線圖，K線與D線在A區域平行震盪後，在J線
的引領下漸漸形成三線向上發散形態。之後J線略向下行，在M區域靠近K
線與D線，尚未發生交叉就以大斜率快速上行，形成KDJ死亡交叉不死、
三線向上發散形態。這說明主力已完成清洗浮籌，股價即將進入快速拉抬
期，投資者應果斷買進。

🪙 實戰指南

　　（1）出現三線向上發散、J線快速上行之前，K線與D線通常會出現

一段平行運行走勢，如圖7-15與圖7-16的A區域所示。

（2）出現三線向上發散、J線快速上行時，如果J線以大斜率向上形成KDJ黃金交叉（如圖7-15的M區域），或是形成KDJ死亡交叉不死後，J線以大斜率向上運行（如圖7-16的M區域），都是主力快速拉抬股價的徵兆，投資者應及時買進。

（3）出現三線向上發散、J線快速上行時，在K線與D線走平略向上時，J線向上運行的斜率至關重要，通常以45度角為大斜率上行的標準。

> **小提醒**
>
> 　　出現三線向上發散、J線快速上行之前，若股價經歷較大幅度與較長時間的下跌，甚至是短暫的暴跌行情，J線會以幾乎垂直的斜率上行。這往往是股價即將快速反轉的訊號，也是主力暴力拉抬股價的徵兆。

三線高位回落後死亡交叉不死

　　三線高位回落後死亡交叉不死是指，KDJ三線向上突破50線，並繼續上行到頭部高位區，此時J線回落向下靠近K線與D線，尚未形成交叉就止跌回升、繼續上行。這往往說明上漲行情尚未結束，主力會繼續拉抬股價，此時只是拉抬途中的一次短線修正，因此投資者要及時買進。

⑤ 形態特徵

　　（1）出現三線高位回落後死亡交叉不死時，KDJ三線往往已經突破50線，運行到指標區間的頭部高位區。

　　（2）出現三線高位回落後死亡交叉不死時，K線與D線會呈現高位平行震盪或加速上行的狀態。

　　（3）出現三線高位回落後死亡交叉不死時，J線會從高位向下靠近K線與D線，但還沒發生交叉，就轉為上行。

圖7-17　深赤灣A（000022）日線圖

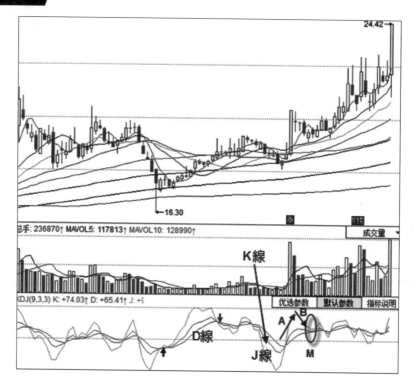

$ 形態解讀

　　圖7-17（見240頁）是深赤灣A的日線圖，KDJ指標在A段突破50線後繼續上行，J線在A段末端接近頭部，隨後在B段向下運行，K線與D線則轉為平行震盪。接著在M區域，J線向下靠近K線與D線，尚未發生交叉就轉向上行，形成死亡交叉不死形態。這說明主力並未出貨，將繼續快速拉抬股價。

　　圖7-18是常熟銀行的日線圖，KDJ指標在A段突破50線之後繼續上行，J線在A段末端運行到頭部區域，並發生高位鈍化。之後，J線在B段回落，K線與D線由上行轉為平行震盪，3條線在M區域形成死亡交叉不死形態。這說明股價的上漲行情並未結束，股價將恢復上漲，投資者不用賣出持股，反而應繼續持股或加碼買進。

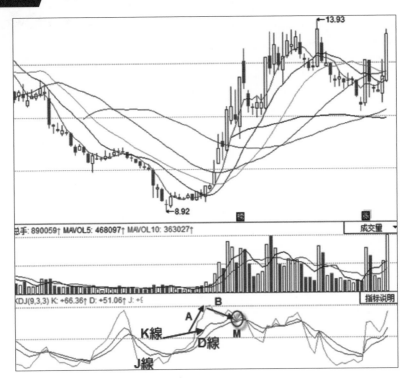

圖7-18　常熟銀行（601128）日線圖

實戰指南

出現三線高位回落後死亡交叉不死時，必須確認K線與D線沒有向下運行，而是平行略向上震盪，如圖7-17和圖7-18的M區域所示，而且J線從高位回落時，沒有與K線和D線形成交叉，如圖7-17和圖7-18的M區域所示。

小提醒

出現三線高位回落後死亡交叉不死時，如果K線與D線運行到頭部高位區，始終保持平行略向上震盪，同時J線反覆出現鈍化現象，此時投資者同樣可以短線介入。但是，如果K線與D線向下運行，且下行的斜率較大，投資者應放棄買進。

7-4 【出貨】辨別4種形態果斷出場，才不會套牢或虧錢

三線高位震盪後的KDJ黃金交叉不叉

　　三線高位震盪後的KDJ黃金交叉不叉形態是指，KDJ三線向上突破50線之後，繼續在高位震盪。當J線向下震盪至K線與D線下方，再向上靠近K線與D線，尚未形成黃金交叉，就轉向繼續下行。此形態往往說明主力已在高位出貨，投資者應及時賣出持股。

💲 形態特徵

　　（1）出現三線高位震盪後的KDJ黃金交叉不叉之前，股價往往會有較大的漲幅，KDJ指標會在50線以上出現一輪上行，或是長期在50線以上震盪上行。

　　（2）出現三線高位震盪後的KDJ黃金交叉不叉時，KDJ三線必須在高位震盪，J線反覆升到K線與D線之上，又落到其下，在最後一次向上靠近K線與D線時，未能完成黃金交叉，就轉為向下運行。

💲 形態解讀

　　圖7-19是瀘天化的日線圖，當股價在A段大幅上漲，KDJ三線在B段突破50線並震盪上行。J線出現高位鈍化後，在M區域回落震盪，此時K線與D線呈現高位震盪，並逐漸轉為略向下震盪。

　　之後，J線震盪到K線與D線下方，然後向上靠近K線和D線，未能實

圖7-19　　瀘天化（000912）日線圖

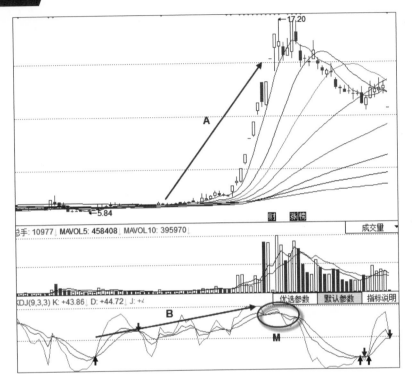

現交叉便轉向下行，形成三線高位震盪後的KDJ黃金交叉不叉形態。這說明主力在高位震盪之際大舉出貨，投資者應及時賣出股票。

　　圖7-20（見244頁）是海信科龍的日線圖，股價在A段上漲時，KDJ三線也在B段突破50線並震盪上行。之後，J線在E區域反覆圍繞K線與D線高位震盪，三線先在C區域形成死亡交叉不叉的買進訊號，接著在M區域形成黃金交叉不叉的賣出訊號。這說明主力在維持股價的高位震盪，以大舉出貨，投資者應及時賣出持股。

💲 實戰指南

　　（1）出現三線高位震盪後的KDJ黃金交叉不叉形態之前，股價往往會經過一段明顯的上漲，如圖7-19和圖7-20的A段走勢，而KDJ三線會經

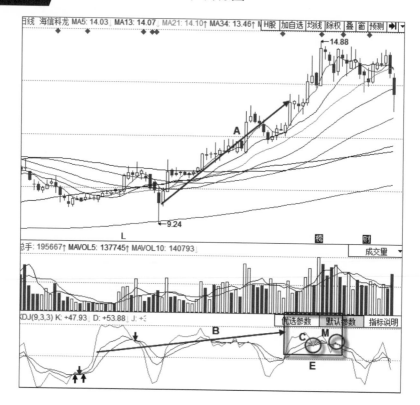

圖7-20　海信科龍（000921）日線圖

過一段在50線以上的震盪上行，如圖7-19和圖7-20的B段走勢。

（2）出現三線高位震盪後的KDJ黃金交叉不叉時，KDJ三線突破50線之後，往往會在頭部高位區上下震盪，如圖7-19的M區域與圖7-20的E區域所示。

（3）投資者應在KDJ三線高位震盪後，出現黃金交叉不叉形態時賣出持股，如圖7-19和圖7-20的M區域所示。

（4）出現三線高位震盪後的KDJ黃金交叉不叉時，即使期間出現死亡交叉不死等買進訊號，只要很快又出現黃金交叉不叉等賣出訊號，便仍然是主力維持股價高位震盪、藉機出貨的徵兆，如圖7-20的C區域和M區域所示。

┌─ **小提醒** ──────────────────────────────────────┐

　　三線高位震盪後的KDJ黃金交叉不叉，經常出現在即將實施高配股的個股上，主力在實施高配股之前維持股價在高位震盪，等到高配股實施後就能大舉出貨。如果此形態出現在高配股實施之後，更是主力大舉出貨的徵兆，投資者應將K線圖恢復到除權前或除權後再觀察。

└──┘

KDJ高位死亡交叉

　　KDJ高位死亡交叉是指，KDJ三線向上突破50線之後，繼續上行到指標區間的頭部高位區，此時J線向下與K線和D線形成死亡交叉。此形態往往說明主力在大舉出貨，尤其是J線下行的斜率極大時，投資者更應及時賣出持股。

(s) 形態特徵

　　（1）KDJ高位死亡交叉出現之前，KDJ三線往往會突破50線，並繼續上行到50線以上的高位區，J線有可能出現高位鈍化現象。

　　（2）KDJ高位死亡交叉出現時，J線必須由上而下與K線和D線形成死亡交叉，此時J線下行的斜率越大，主力出貨的可能性也越大。

(s) 形態解讀

　　圖7-21（見246頁）是雙箭股份的週線圖，KDJ三線在A段突破50線，並繼續上行到頭部高位區，此時J線出現鈍化現象。隨後，J線在M區域以大斜率下行，在50線以上的高位區，與K線和D線形成死亡交叉形態。這說明主力正在逢高出貨，投資者應果斷賣股離場。

　　圖7-22（見247頁）是*ST天儀的日線圖，KDJ三線在A段突破50線，並繼續上行到頭部高位區，雖然J線沒有發生高位鈍化，隨後同樣在M區域以大斜率下行，在50線以上，與K線和D線形成高位死亡交叉形態。這說明主力正在借機出貨，投資者應果斷賣出持股。

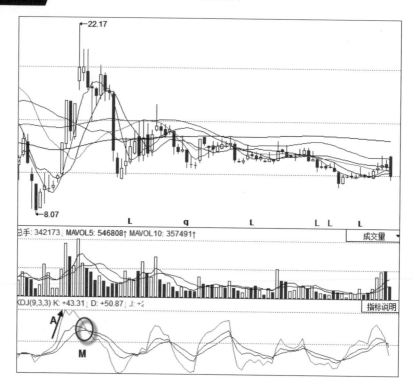

圖7-21　雙箭股份（002381）週線圖

💲 實戰指南

（1）KDJ高位死亡交叉出現時，KDJ三線往往已經突破50線，並運行到頭部高位區，如圖7-21和圖7-22的A段走勢。

（2）KDJ高位死亡交叉出現時，如果J線從高位鈍化轉跌的下行斜率越大，代表主力出貨的意願越強烈，如圖7-21的M區域所示。

（3）KDJ高位死亡交叉出現時，即使J線一開始下行的斜率看似不大，但在出現死亡交叉時下行斜率突然變大，同樣說明主力出貨的意願強烈，如圖7-22的M區域所示。

（4）投資者應在J線以大斜率向下，並形成高位死亡交叉時賣出持股，如圖7-21和圖7-22的M區域所示。

圖7-22　*ST天儀（000710）日線圖

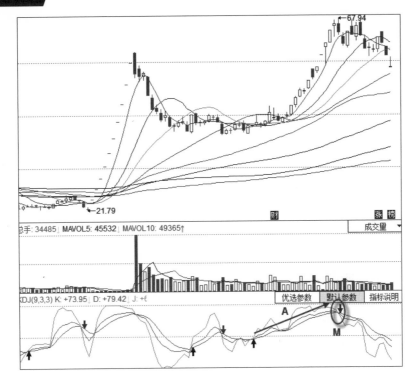

小提醒

（1）KDJ高位死亡交叉如果出現在週線圖上，往往更加可靠。

（2）若實施高配股的股票在50線附近出現KDJ死亡交叉，也屬於高位死亡交叉。投資者只需將K線圖設定為除權前或除權後，就可以清晰地判斷。

三線向下發散

三線向下發散是指，在股價經過大幅上漲，以及KDJ指標在高位震盪

之後，三線向下運行，形成一個向下發散的喇叭形狀。此形態說明主力正在高位出貨，是賣出訊號。

⑤ 形態特徵

（1）三線向下發散出現之前，股價往往會經過較大幅度的上漲，KDJ三線會突破50線並繼續上行。

（2）三線向下發散出現之前，KDJ三線往往已經運行到頭部高位區，K線和D線會出現震盪滯漲。

（3）KDJ指標通常會先形成死亡交叉，再呈現三線向下發散，但也可能是先出現黃金交叉不叉，再呈現三線向下發散。

⑤ 形態解讀

圖7-23是雅百特的日線圖，當股價在A段大幅上漲，KDJ三線在B段突破50線，並在頭部區域震盪上行。隨後三線黏合併行，直到M區域同時轉向下行，形成三線向下發散形態。這說明主力在高位出貨，導致KDJ三線快速下行，投資者應果斷賣出持股。

圖7-24（見250頁）是千山藥機的日線圖，當股價在A段大幅上漲，KDJ三線在B段突破50線，並持續在高位向上震盪。隨後，J線運行到K線與D線之下，又在M區域向上靠近K線和D線，尚未發生交叉便回落，形成黃金交叉不叉形態，然後三線明顯向下發散。這說明主力開始在高位出貨，投資者應果斷出場。

⑤ 實戰指南

（1）出現三線向下發散之前，股價會經過一段大幅上漲，如圖7-23和圖7-24的A段走勢，而且漲幅越大，之後趨勢反轉的機率越高。

（2）出現三線向下發散時，K線和D線通常會出現明顯的高位震盪，如圖7-23和圖7-24的B段走勢。

（3）三線向下發散往往會伴隨KDJ死亡交叉（如圖7-23的M區域）或黃金交叉不叉形態（如圖7-24的M區域）。

（4）判斷主力動向時，投資者應使用週線圖或日線圖，觀察KDJ指

圖7-23　雅百特（002323）日線圖

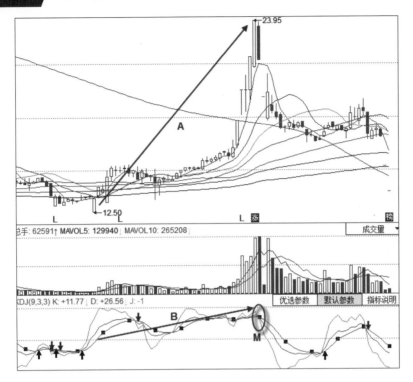

標的三線向下發散形態，因為K線週期如果過長，往往只能發現長線主力，而週期過短，則無法確實反映主力的出貨行為。

小提醒

　　如果三線向下發散出現在相對低位區，如50線附近或50線以下，同樣是股價即將下跌的徵兆，但不一定說明主力開始出貨，反而可能是出貨結束。相反地，如果出現在相對高位區，而且J線以大斜率向下運行，同時伴隨較大的成交量，往往就是主力快速出貨的徵兆，投資者應及時賣出持股。

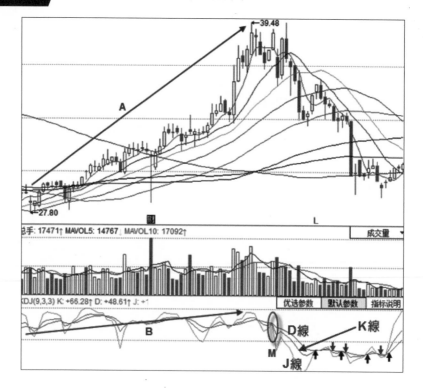

圖7-24　千山藥機（300216）日線圖

J線高位鈍化後快速下行

　　J線高位鈍化後快速下行是指，在股價經過較大的漲幅後，KDJ三線運行到頭部高位區，此時J線先發生高位鈍化，接著以大斜率快速向下運行。此形態是很明顯的主力出貨徵兆，也是股價從頭部快速回落的訊號，投資者應及時賣股離場。

形態特徵

　　（1）出現J線高位鈍化後快速下行之前，股價往往會經過大幅上漲，或是短暫的快速上漲。

　　（2）J線高位鈍化後快速下行出現時，KDJ指標在50線以上向上運

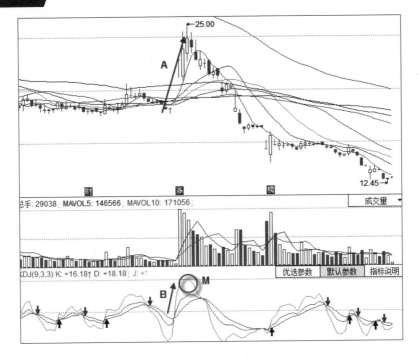

圖7-25　萬家文化（600576）日線圖

行，並已到達頭部高位區。J線必須在指標區間上沿平行運行，然後突然以極大的斜率急轉直下。

⑤ 形態解讀

　　圖7-25是萬家文化的日線圖，股價在A段快速上漲，KDJ三線也在B段快速上行，並在M區域到達頭部高位區，此時J線沿區間上沿平行，隨後突然轉向以大斜率回落。這說明主力在短期內快速拉抬股價，然後快速出貨，投資者應及時賣出持股。

　　圖7-26（見252頁）是航太晨光的週線圖，股價在A段快速大幅上漲，KDJ三線也在B段突破50線並持續上行，然後在M區域到達頭部高位區。此時J線反覆出現高位鈍化，然後以大斜率向下回落。這說明主力正在逢高快速出貨，投資者應及時賣出持股。

圖7-26　航太晨光（600501）週線圖

💲 實戰指南

（1）當J線高位鈍化後快速下行時，若要判斷主力是否在出貨，投資者應觀察日線圖和週線圖。

（2）J線高位鈍化後快速下行的形態，如果出現在短線的快速上漲行情中，往往是主力短線操盤的出貨徵兆，如圖7-25所示。

（3）J線高位鈍化後快速下行的形態，如果出現在股價有較大漲幅時，往往是主力大舉出貨的徵兆，如圖7-26所示。

（4）J線發生高位鈍化之後，必須要以大斜率向下回落，才是主力快速出貨的徵兆，如圖7-25的M區域所示。如果J線只是稍微回落便再次上行，如圖7-26中M區域的反覆鈍化現象，便是主力持續拉抬股價，而非出貨的徵兆。

（5）出現J線高位鈍化後快速下行時，投資者應在J線高位鈍化結束後，以大斜率向下回落時，盡早賣股離場，如圖7-25和圖7-26的M區域所示。

小提醒

（1）出現J線高位鈍化後快速下行時，若發生J線反覆高位鈍化，投資者應結合股價趨勢判斷主力是否出貨。若股價持續上行，則J線的回落只是暫時現象。然而，如果爆出較大的成交量，可以確認主力已在出貨，投資者應果斷出場。

（2）如果在股價下跌趨勢的反彈行情中，出現J線高位鈍化後快速下行，往往是股價反彈結束的訊號。這種情況通常是游資大戶的短線炒作所致，並非主力的行為。

國家圖書館出版品預行編目 (CIP) 資料

KDJ 指標操作法：【全圖解】168張線圖與90個實戰技巧，教你看懂股市趨
勢，抓到超買超賣訊號！／股市風雲著
--初版.–新北市：大樂文化有限公司，2022.08
256面；17×23公分 . --（MONEY；41）

ISBN：978-626-7148-03-7（平裝）

1.股票投資　2.投資技術　3.投資分析
563.53　　　　　　　　　　　　　　　　　　111006466

Money 041

ＫＤＪ指標操作法

【全圖解】168張線圖與90個實戰技巧，教你看懂股市趨勢，抓到超買超賣訊號！

作　　　者／股市風雲
封面設計／蕭壽佳
內頁排版／蔡育涵
責任編輯／林雅庭
主　　　編／皮海屏
發行專員／鄭羽希
財務經理／陳碧蘭
發行經理／高世權、呂和儒
總編輯、總經理／蔡連壽
出 版 者／大樂文化有限公司（優渥誌）
　　　　　地址：220 新北市板橋區文化路一段 268 號 18 樓之 1
　　　　　電話：（02）2258-3656
　　　　　傳真：（02）2258-3660
　　　　　詢問購書相關資訊請洽：（02）2258-3656
　　　　　郵政劃撥帳號／50211045　戶名／大樂文化有限公司

香港發行／豐達出版發行有限公司
地址：香港柴灣永泰道 70 號柴灣工業城 2 期 1805 室
電話：852-2172 6513　傳真：852-2172 4355

法律顧問／第一國際法律事務所余淑杏律師
印　　　刷／韋懋實業有限公司

出版日期／2022年08月22日
定　　　價／350 元（缺頁或損毀的書，請寄回更換）
ＩＳＢＮ　978-626-7148-03-7